LEO RUTHERFORD

SCHAMANISMUS

Aus dem Englischen
von Monnica Hackl

Orbis Verlag

Die Originalausgabe erschien unter dem Titel
»Principles of Shamanism«
bei Thorsons, London

Umwelthinweis:
Alle bedruckten Materialien dieses Taschenbuches
sind chlorfrei und umweltschonend.
Das Papier enthält Recycling-Anteile.

Genehmigte Sonderausgabe 1999
Orbis Verlag für Publizistik, München

Umschlaggestaltung: Martina Eisele, München
Druck: Elsnerdruck, Berlin
Redaktion: Gerhard Juckoff
Made in Germany
ISBN 3-572-01004-7

Inhalt

Danksagung

Dank sei all meinen Lehrern auf meinem Weg, besonders Joan Halifax, die mich in dieses Gebiet einführte; Gabrielle Roth, die mir zeigte, daß ich einen Körper habe, der das Tanzen braucht; Harley Swiftdeer, der das Medizinrad lehrt und mir den Kreislauf des Lebens zeigte; Prem Das, der mich die Einfachheit lehrte; Willi Shultz und Marilyn Kriegel, die mich in drei sehr fruchtbare und harte Jahre hineindrängten, die ich mit einem akademischen Titel abschloß; Bob Hoffman und seinem Quadrinity-Team, die mir halfen, einen Teil meiner elterlichen Geschichte aufzulösen; Don Eduardo Calderon und Albert Villoldo, die mich auf eine Reise mitnahmen, die einiges in mir für immer änderte; und The Wolf, dessen persönliche Magie ich erst vor kurzem kennenlernte.

Ganz besonderen Dank all denen, die in den letzten 13 Jahren meine Seminare besuchten und mir durch ihr Vertrauen ermöglichten, die Rolle des Leiters auszuüben, besonders allen Magpies und der ausgedehnten Eagle's-Wing-Familie. Dank an alle, die durch ihre persönlichen Erfahrungen zu diesem Buch beigetragen haben, besonders meinem Freund und Kollegen Howard Charing und meinem Freund Kenneth Meadows mit seinen bahnbrechenden Ideen.

Und Dank sei all den Eingeborenen, die uns ihr altes Wissen eröffnet haben, um uns »zivilisierten« Menschen dabei zu helfen, uns selbst zu heilen, bevor wir unseren Planeten so sehr zerstören, daß es keine Heilung mehr gibt.

Einführung

Vom Ingenieur zum Schamanen – eine Midlife-Krise

Mein »zweites Leben«, wie ich es nenne, begann mit vierzig Jahren. Ich war ein Wrack auf zwei Beinen – erschöpft, ausgebrannt, depressiv und gereizt. Ich fühlte mich krank an mir selbst und konnte doch nichts daran ändern. Ich hatte zwölf Jahre lang mit mäßigem Erfolg eine Fabrik geleitet. Nach zehn Jahren begann jedoch meine körperliche und seelische Gesundheit darunter zu leiden.

Von einem ganz bestimmten, schicksalshaften Augenblick an wußte ich, daß ich mein Leben ändern mußte. Eines Samstagmorgens im Jahre 1973 stand ich mitten in meiner Fabrik, als wenige Meter von mir entfernt ohne jeden ersichtlichen Grund das Dach einzustürzen begann. Ich stand wie gebannt, während ein Dachsegment nach dem anderen in einem Hagel aus Staub mit donnerndem Geräusch herunterfiel. Ein ganzer Teil des Gebäudes, etwa 400 Quadratmeter, wurde in wenigen Augenblicken zu einem Schutthaufen. Hier hatten Menschen gearbeitet – eine Sekunde zuvor stand hier noch eine blühende Abteilung mit Maschinen, die Zinkplatten zuschnitten. Wie durch ein Wunder war niemand verletzt oder getötet worden.

Später stellte sich heraus, daß ein Gabelstapler, der mit zwei Tonnen Zinkplatten beladen war, gegen einen Dachpfeiler gefahren war, der daraufhin zusammenbrach und in einer Art Dominoeffekt das ganze Dach zum Einsturz brachte. Ich fühlte mich so, als ob dieses Dach mitten auf mein Leben gestürzt wäre. In diesem Augenblick traf ich eine Entscheidung, die ich zuvor stets vermieden hatte: Ich mußte mein Leben radikal ändern.

Zu dieser Zeit war ich der Geschäftsführer der Firma, und ich hatte zehn Jahre lang meine ganze Energie und meine Fähigkeiten in sie investiert. In vielerlei Hinsicht kommt es aber der Wahrheit näher, wenn ich sage, daß ich acht Jahre lang die Firma geleitet hatte, die letzten zwei Jahre aber hatte sie mich beherrscht! Ich war physisch, emotional und geistig erschöpft. Ich lebte ein Leben, das meine Sehnsucht nach einem tieferen Sinn, einer tieferen Ebene der menschlichen Begegnung und nach einer wenigstens äußerlich erfüllten Liebe nicht befriedigen konnte.

Von diesem Augenblick an brauchte ich zwei weitere Jahre, um den Betrieb wieder so weit in Ordnung zu bringen, daß eine andere Firma ihn übernehmen konnte. Schließlich war ich frei und konnte mein Leben wieder von vorne anfangen. Damals gelangten alternative Therapien, hauptsächlich aus Kalifornien, nach England – und etwas in mir sagte mir, daß dies mein neuer Weg sei. Ich besuchte einige Wochenendseminare im Qaesitor-Institut, einem Zentrum für persönliche Entwicklung in London, und entdeckte, daß ich nicht einmal den Unterschied zwischen Gedanken und Gefühlen kannte. Ich hatte gelernt, so defensiv zu leben, daß ich gar nicht wußte, was ich wirklich auf die Frage, wie ich mich denn fühle, antworten sollte. Mir wurde klar, daß das Ziel meines Weges noch in weiter Ferne lag.

Ich wurde gegen Ende der Depression in einer Familie, die ihr erstes Kind im Jahr zuvor verloren hatte, geboren. Die ersten drei Jahre wurde ich von Kindermädchen versorgt, weil meine Mutter in ihrer tiefen Trauer nicht fähig dazu war. Mein Vater mochte mich nicht ansehen, weil ich ihn an meine tote Schwester erinnerte. Also wuchs ich mit dem verwirrenden Gefühl auf, daß mich das Universum wollte und gleichzeitig nicht wollte, mich letztlich doch nicht so wollte, wie ich war, sondern so, wie ich nicht war. Ich versuchte, die Person zu werden, die man von mir erwartete. Ich wurde auf die besten Schulen geschickt, aber ich fühlte mich wie ein Ausgestoßener. Alles, was ich fertigbrachte, war, einen hohen Stand der Mittelmäßigkeit zu erreichen, ausgenommen eine Zeit in meinem zwölften und dreizehnten Lebensjahr, als ich »Kapitän der Modelleisenbahn« wurde (ja wirklich!), einen Preis für Holzarbeiten gewann und sehr kreative Dinge mit dem Stabilbaukasten zuwege brachte. Ich versagte in allen Dingen, die für wichtig gehalten wurden, wie Fußball und Kricket, und hatte bescheidenen Erfolg bei den Prüfungen, wenn ich mich dazu aufraffen konnte. Die ganze Zeit hindurch spürte ich deutlich, daß die Welt nicht so war, wie man es mir erzählt hatte, und daß meine Schwierigkeiten und Probleme nicht immer nur meine eigenen Fehler waren. Ich hatte das Gefühl, in der falschen Familie zu leben, die falsche Erziehung zu haben, und all das nur, um in einer verkehrten Welt verdrehte Leute zufriedenzustellen, die alle an einen richtenden und rächenden Gott glaubten. Wenn ich jetzt zurückblicke, sehe ich, daß ich gewissermaßen zwei verschiedene Leben als Erwachsener geführt habe – zwanzig Jahre in der Industrie und zwanzig weitere in der alternativen Bewegung –, dann erkenne ich, wie richtig dieses Gefühl war und daß es mich davon abgehalten hat, mich völlig in der falschen Richtung zu entwickeln.

Vor zwanzig Jahren aber war ich völlig verbraucht. Ich hatte meine ganze Energie in die Arbeit gesteckt, und mein Gefühlsleben war gleichsam vertrocknet. Wie viele Millionen von uns tun das gleiche? Meinen Tiefpunkt erreichte ich 1976; ich fühlte mich so elend, daß ich am Weihnachtsabend beschloß, mir noch eine Freude im Leben zu gönnen, auch wenn mich das umbringen würde. Und ich überaß mich völlig an dem wunderbaren Weihnachtsessen, das meine Schwester gekocht hatte. Glücklicherweise bemerkte niemand meine Gier, aber ich hatte noch einen Monat danach Magenschmerzen und fühlte mich eher schlechter als besser. Erst ein Besuch in Findhorn in Schottland brachte mich wieder auf gute Gedanken und weckte das Gefühl in mir, daß noch nicht alles verloren sei. Und recht zufällig zog es mich nach Kalifornien.

Im Sommer 1977 kam ich in San Francisco an, und es war, als sagte die Stadt zu mir: »Alles, was du brauchst, um dich zu heilen, ist hier.« Ich kehrte noch einmal nach England zurück, vermietete mein Haus und blieb dann längere Zeit in Kalifornien. Ich wurde ein »Seminar-Junkie«. Ich besuchte die verschiedensten Workshops, darunter auch »Gott, Sex und Körper« mit Gabrielle Roth, ein Wochenende mit Löffelbiegen, einen Anfängerkurs in Pantomime, einen Workshop für Theaterimprovisation, ein Seminar über Mentaltraining und den aufreibenden drei Monate langen Quadrinity-Prozeß von Fischer-Hoffman. Letzterer war ein tiefgreifendes Durcharbeiten der eigenen Familiengeschichte, um das innere Kind zu heilen. Mein inneres Kind war in großen Nöten und das schon viele Jahre lang, obwohl ich das bis dahin nicht in vollem Ausmaß zur Kenntnis genommen hatte.

Um in San Francisco bleiben zu können, brauchte ich ein Visum. Um es zu bekommen, wurde ich Student und belegte einen Kurs an der Universität, der für mich wie geschaffen war: holistische Psychologie an der Antioch-Universität, einem College der freien Künste. Das Studium begann mit Selbsterfahrungsgruppen, Meditation, Feldenkrais-Körperarbeit, mentalen Sportarten (Sport, der sowohl mental als auch körperlich durchgeführt wurde) und vielen Vorlesungen und Diskussionen. Es handelte sich in der Tat eher um einen elf Wochen dauernden Workshop und nicht um eine der üblichen Universitätsveranstaltungen. Er war die Erfindung von Willi Schutz, der die Theorie und Praxis der humanistischen und transpersonalen Psychologie in die Universität einbrachte.

Am Anfang des zweiten Jahres kam Joan Halifax, um einen Kurs über kulturübergreifende Anthropologie zu halten. Das war meine Einführung in den Schamanismus und die alten Lehren, besonders der nordamerikanischen Indianer. Es war mir, als hätte sich ein Tor zur Weisheit vor mir geöffnet, und zwar an einem Ort, an dem ich es nicht für möglich gehalten hatte. Je mehr ich lernte, desto mehr wurde ich davon berührt, desto mehr fühlte ich mich angesprochen, so wie ich war. Da gab es nicht die üblichen Ratschläge anderer spirituelller Wege, mit denen ich geliebäugelt hatte, wie zum Beispiel, daß ich nicht so sein sollte, wie ich eben war, und daß ich mich, um mich spirituell entwickeln zu können, völlig verändern müßte. Die Lehre des Medizinrades zeigte mir vieles in einem anderen Licht, es zeigte die Beziehung zwischen Psychologie, Psychotherapie, hellseherischen Fähigkeiten und Spiritualität auf und daß sie alle Teil desselben Weges sind.

In dieser Zeit unternahm ich auch meine erste Reise in die Wildnis, zwei Wochen mit dem Rucksack durch die Berge der Sierra, etwas, das ich noch nie zuvor getan hatte. Ich lernte Steven Forster und Meredith Little kennen, die die Bewegung »Vision Quest für Menschen aller Rassen« anführten, aber ich hatte das Gefühl, daß eine Visionssuche von drei einsamen Tagen und Nächten ein bißchen zuviel für einen Anfänger wie mich sein würde. Statt dessen buchte ich über das Esalen-Institut eine zweiwöchige Reise mit Robert Greenway und Steve Harper. Ich hielt dieses Angebot für leichter, aber ich täuschte mich gewaltig. Das Seminar schloß nicht nur eine Visionssuche ein, sondern auch eine Peyotezeremonie, eine Schwitzhütte und eine dreitägige Wanderung über den 3500 Meter hohen Bishop-Paß in den Kings-Canyon-National-Park und das gleiche zurück. Mit meinen 44 Jahren war ich der älteste und unerfahrenste Teilnehmer von allen. Es war ein ziemlich hartes Unterfangen, auch für die geübten Bergsteiger. Ich konnte die ersten drei Nächte keinerlei Schlaf finden, und als der Zeitpunkt kam, unseren alten Namen abzulegen und einen neuen anzunehmen, fiel mir das ganz leicht: Ich wurde zum »Sterngucker«, denn das tat ich sowieso die ganze Nacht hindurch. Schließlich wurde ich doch so müde, daß ich sogar auf dem harten Boden einschlafen konnte.

Mehr von dieser Geschichte erfahren Sie im siebten Kapitel.

Gleich nach dem Workshop mit Joan Halifax kam ein anderer Lehrer des Schamanismus, Prem Das, an die Universität. Graduierte Studenten konnten unentgeltlich an diesen Kursen teilnehmen, wenn es noch freie Plätze gab, und so schrieb ich mich ein. Prem Das (Paul Adams) hatte eine lange Lehrzeit bei Jose Matsewa, dem berühmten hundert Jahre alten Huichol-Schamanen aus Mexiko, verbracht und lehrte diese Tradition mit Gesängen, Trommeln und dem Gebrauch des Peyotekaktus, um in andere Bewußtseinszustände zu kommen. Sein Kurs endete mit einer Peyotezeremonie im traditionellen Huichol-Stil, die die ganze Nacht lang dauerte. Sie fand an den Hängen des Mount Tamalpais statt, im Norden von San Francisco. Die Reise, durch die ich meine Welt wieder mit neuen Augen sehen sollte, hatte begonnen. Ich hatte das Gefühl, mich über die üblichen rationalen Grenzen hinauszubewegen und mich wieder mit etwas zu verbinden, das ich in einer früheren Zeit meines Lebens, bevor mich die äußere Welt verformt hatte, schon gekannt hatte. Das Leben schien einen neuen Sinn zu haben, ich entdeckte Teile meiner Seele wieder, und ich spürte, daß ich endlich den Weg zu einem guten Ziel gefunden hatte.

1
Was ist Schamanismus?

Schamanismus ist die älteste Methode, mit der die Menschen versucht haben, mit der Schöpfung in Verbindung zu treten. Die Ursprünge des Schamanismus reichen mindestens 40.000 bis 50.000 Jahre in die Steinzeit zurück. Wir alle stammen aus schamanischen Kulturen; der Schamanismus wurde nämlich nicht »importiert«, sondern er ist unsere ureigenste Wurzel.

Anthropologen haben den Schamanismus in allen Orten der Welt untersucht: in Nord-, Mittel- und Südamerika, ebenso in Afrika, bei den Aborigines in Australien, den Eskimos und den Lappen im äußersten Norden, in Indonesien, Malaysia, Senegal, Patagonien, Sibirien, Bali, dem alten Großbritannien und in Europa, in Tibet, wo der alte Bön-Schamanismus in den tibetischen Buddhismus eingeflossen ist. Ich selbst habe bei den Inka und Shipibo aus Peru gelernt, bei den Lakota, Cherokee, Pueblo, Hopi und Ojibway aus Nordamerika und von Lehrlingen der Huichol aus Mexiko. In der ganzen Welt gibt es Zeugnisse schamanischer Praktiken, die bis zum Paläolithikum zurückreichen. Aus alten Höhlenmalereien und ähnlichen Aufzeichnungen läßt sich vermuten, daß alle eingeborenen Völker eine ähnliche Kosmologie und ein ähnliches Verständnis des Universums hatten. Heutzutage hat der Schamanismus in den weniger entwickelten Gebieten aller Kontinente überlebt, und das trotz der unbarmherzigen Angriffe des westlichen, wissenschaftlichen Materialismus, trotz der Behandlung der Erde und der Natur als etwas, das bezwungen und ausgebeutet werden muß, und trotz der dogmatischen, von Männern dominierten Religion. Jetzt, da die Dekadenz der westlichen Zivilisation immer deutlicher sichtbar wird, wenden sich mehr und mehr Menschen der Industriegesellschaft den alten Kulturen zu, weil sie Hilfe und Führung brauchen, um die Harmonie mit der Natur, dem Planeten Erde und sich selbst wiederherzustellen.

Wer oder was ist ein Schamane?

Das Wort *shaman* kommt von den Tungusen, die als Rentierhirten am Baikalsee in Rußland leben. Nach der Encyclopaedia Britannica stammt es vom tungusisch-mandschurischen Wort *saman* ab, dessen Wortstamm *»sa«* »wissen« bedeutet, wie es auch im französischen *savoir* und im spanischen *saber* der Fall ist.

Westliche Anthropologen haben bei der Erforschung eingeborener Heilmethoden in der ganzen Welt den Begriff des »Schamanen« den eingeborenen Heilern, Sehern, Visionären, Propheten und ihrer Art, die Welt zu sehen, zugeordnet; das alles fassen wir heutzutage unter dem Begriff des Schamanismus zusammen. Der Anthropologe S. Shirokogoroff*, einer der ersten Erforscher der Tungusen, stellte fest:

> In allen tungusischen Sprachen wird der Begriff *saman* auf Männer und Frauen angewandt, die den Umgang mit Geistern beherrschen, die aus freiem Willen Geistern in ihren Körper Eintritt gewähren und ihre Macht über die Geister zu ihrem eigenen Nutzen anwenden können oder anderen Menschen helfen, die von Geistern geplagt werden.

Auch die englischen Worte *witch* (Hexe) und *wizard* (Zauberer) stammen aus derselben indogermanischen Wurzel und

---

* Bibliographische Angaben zu allen zitierten Büchern siehe *Literaturverzeichnis* am Ende des Buches

bedeuten »sehen« oder »wissen«; vergleiche auch französisch »voir«, lateinisch »videre« und deutsch »wissen«. In der Geschichte Großbritanniens waren *Witchcraft, Wicca* und *Wyrd* schamanische Wege. *Witchcraft* hat seit vielen Jahrhunderten eine negative Bedeutung bekommen, und das Wort *witch* bedeutet heute etwas ganz anderes als eine wissende oder weise Frau. *Wyrd* hat sich zu »weird« (seltsam) gewandelt. All diese Beispiele sind Zeugnisse dafür, daß das Christentum die alten spirituellen Wege vernichtet hat, um seine eigene Stellung zu festigen.

Kraft, Wissen, Vision und prophetische Fähigkeiten sind in sich selbst völlig wertfrei. Ein Schamane ist ein Mensch, der diese Fähigkeiten zum Heilen und zum Ganzwerden benutzt. Jemand, der dieselben Fähigkeiten im Bösen dazu verwendet, um Vorteile auf Kosten anderer zu bekommen, wird oft als Hexe oder Hexenmeister bezeichnet. *Witchcraft* war ursprünglich der »weiße« Weg des Heilens, er wurde aber verdorben und lebt heute im Volksbrauchtum meist als »dunkler« Weg weiter. Man sollte immer im Gedächtnis behalten, daß Kraft nur Kraft ist und eine Fähigkeit nur eine Fähigkeit; nur das, was wir Menschen damit anstellen, macht sie zu etwas Gutem oder Bösem.

Die Bedeutung des Wortes *shaman* wird gelegentlich auch mit »sich erhitzen, brennen, mit Hitze und Feuer arbeiten« übersetzt, aber auch die Bedeutungen »der Weise« oder »derjenige, der weiß« oder »derjenige, der sieht« sind bekannt. Mircea Eliade bezeichnet die Schamanen als »Meister der Ekstase« – vom griechischen Wort *ekstasein,* »heraustreten aus dem normalen Bewußtseinszustand«. Sie sind Meister der verschiedenen Bewußtseinszustände, in denen die üblichen physikalischen Gesetze der dreidimensionalen Welt nicht mehr gelten und das Reisen in andere Welten, Vorherwissen, Sehen und Heilen auf Entfernung, Kommunikation mit Verstorbenen usw. möglich und natürlich sind.

Die »gewöhnlichen« Menschen leben, nach den Worten des armenischen Lehrers Gurdjieff, in einem Zustand des »wachen Schlafes«. Der Schamane ist ein Mensch, der zur wahren Wirklichkeit erwacht ist, der Wirklichkeit des »Nagual«, der Wirklichkeit hinter der offensichtlichen Wirklichkeit, der Wirklichkeit der Imagination. Der abgegriffene Satz: »Oh, das ist ja alles nur Einbildung!« ist eine plumpe Verleugnung nicht nur des ganzen Bereiches der Magie, sondern er ist auch bar jeglichen Verständnisses für die Gesetze, nach denen das Universum tatsächlich funktioniert. Hier wirkt der Schamane: im Reich der Ursachen, der Imagination, im Reich der Gedanken und Träume, in dem alles bildlich existiert und von dem unsere vertraute dritte Dimension der materiellen Wirklichkeit nur eine Widerspiegelung ist.

Denken Sie z. B. an das Zimmer oder das Haus, in dem Sie gerade sind, oder an ein Nachbarhaus. Was war zuerst da, die reale Wirklichkeit oder der Gedanke? Sicherlich der Gedanke! Irgend jemand hat sich das Gebäude ausgedacht, es sich vorgestellt oder es »geträumt«, wie wir sagen könnten. Dann kamen die Architekten, um die Vision, die Idee mit ihren Plänen zu verwirklichen. Anschließend kam der Unternehmer, um das Baumaterial zu beschaffen. Erst ganz zum Schluß kamen die Bauarbeiter an die Reihe, um die »Wirklichkeit«, das Gebäude selbst, zu bauen.

Definition des Schamanismus

Der Schamanismus ist kein Glaubenssystem. Er ist der Weg des Wissens, das durch die Erfahrung der vielen Facetten des Lebens, durch Rituale und Zeremonien, durch Gebet und Meditation, durch Versuche und Ausprobieren erworben wird. Wissen ist etwas, das funktioniert, das die Prüfungen der Zeit besteht, das von innen heraus erfahren wird, anders als der Glaube, der von außen und von anderen an einen Menschen herangetragen wird. Wegen eines Glaubens, eines Dogmas oder einer Doktrin wurden schon Kriege ausgetragen, aber niemals wegen des Wissens.

Westliche Menschen haben verschiedene Ansichten über das, was Schamanismus sei oder nicht sei. Es scheint, daß die Schamanen der Tungusen in Übereinstimmung mit vielen anderen Stämmen und Völkern die schamanische Reise, von monotonen Trommelschlägen begleitet (siehe Kapitel 6), als wichtigstes Mittel benutzten, um in die Welt der Geister zu reisen und dort zu finden, was sie zum Heilen brauchten. Der amerikanische Anthropologe Michael Harner hat diese Methode für westliche Menschen veröffentlicht und damit viel wertvolles Wissen verbreitet. Ich hatte die große Freude, 1981 und 1982 an Workshops mit ihm teilzunehmen. Er nennt dieses Verfahren »Core-Schamanismus« (*core* = Kern). Unglücklicherweise suggeriert dieser Begriff, daß dies der einzige Kern des Schamanismus sei, was natürlich nicht der Fall ist. Wenn wir unter dem Wort Schamanismus alte Heilmethoden von Urvölkern auf der ganzen Welt verstehen, dann gibt es außer den schamanischen Reisen noch viele andere Methoden, die aber alle eines gemeinsam haben, nämlich die Kommunikation und Interaktion mit der Geisterwelt. Bei den Minianka in Mali ist z. B. der Trommler der Schamane. Seine Aufgabe ist es, die Menschen auf ihren nächtlichen Tänzen in einen Bewußtseinszustand der Ausgeglichenheit und Harmonie hineinzutrommeln.

Eine kulturübergreifende Untersuchung von 42 ursprünglichen schamanischen Kulturen durch Peters und Price-Williams, veröffentlicht 1980, kam zu folgender Feststellung: In 18 Kulturen arbeiten die Schamanen nur mit der Besessenheit durch Geister, in zehn Kulturen arbeiteten sie nur mit dem magischen Flug, in elf Kulturen wurde mit beidem gearbeitet, und in drei Kulturen wurde keines dieser Konzepte dazu verwandt, um den Trancezustand herbeizuführen. Wie

Sie sehen können, gibt es hier viele Variationsmöglichkeiten. Ist ein Medium ein Schamane? Solche Definitionen hängen davon ab, wie der Betreffende arbeitet. Geht er in Trance und wird von Geistern besessen, oder macht er sich auf den magischen Flug? Wir kommen in ein echtes westliches Begriffsdilemma, wenn wir auf diese Weise versuchen, uns dem Schamanen zu nähern. Ein viel gelungenerer Versuch der Annäherung ist der von Roger N. Walsh in *Der Geist des Schamanismus:*

> Schamanismus kann als Summe von Traditionen definiert werden, deren Ausübende willentlich in andere Bewußtseinszustände eintreten können, in denen sie sich selbst oder ihre Geister erleben, kraft ihres Willens in andere Welten reisen und dort mit anderen Wesenheiten in Kontakt treten, um der Gemeinschaft zu dienen.

Ich ziehe vor, den Begriff wie einen großen Schirm zu betrachten, unter dessen Dach alte eingeborene, ganzheitliche Heilmethoden aus der ganzen Welt versammelt sind. Der beste Weg, Schamanismus zu definieren, und der mich am meisten befriedigt, schließt das alles ein, ist ganzheitlich und kann mittels der Beschreibung des klassischen Weges vom Lehrling zum Schamanen erklärt werden, so wie er durch die Lehre des Medizinrades von den Ureinwohnern Amerikas gelehrt wird (siehe Kap. 3). Der erste Schritt besteht darin, die persönliche Geschichte auszulöschen. Das bedeutet, die Aspekte der Vergangenheit zu heilen, die das gegenwärtige Leben beeinträchtigen. Der zweite Schritt besteht darin, dem Tod ins Auge zu sehen und ihn zu seinem Verbündeten zu machen. Das bedeutet, die Sterblichkeit alles Lebens im Lichte der Unendlichkeit des Seins zu betrachten und sich losgelöst von der eigenen Kultur dem Großen Geist und den heiligen Gesetzen zu öffnen. Der dritte Schritt ist das Anhalten der

Welt, das bedeutet, seinen Geist von den ständigen inneren Dialogen und dem Gedankenmüll freizumachen und festgefahrene Glaubenssätze durch Wissen und Weisheit aus der Tiefe der inneren Quelle zu ersetzen. Der vierte Schritt ist das Kontrollieren der Träume und das Finden einer neuen Vision und Aufgabe: die Wiedergeburt als neuer Mensch mit einem neuen Lebenssinn. Der letzte Schritt führt in den Mittelpunkt des eigenen Kreises und zur Übernahme der vollen Verantwortung für das eigene Leben als makelloser Krieger des Geistes. Das ist der Weg des Kriegers. Der Schamane ist jemand, der voll erwacht diesen Weg der Transformation gegangen ist und sich dazu entschlossen hat, ein Heiler, Helfer, Seher oder Prophet zu werden, um den Menschen zu dienen. Das sind die Stationen der Reise, die wir alle machen müssen, wenn wir zu unserem ganzen Selbst hin wachsen wollen. Die Mythen beschreiben diese große Reise auf verschiedene Weise, aber die grundlegenden Schritte sind dieselben.

Schamanismus und Krankheit

In den Stammeskulturen ist der Schamane ein »Seelenarzt« sowohl für die Gemeinde als auch für den einzelnen. Er kümmert sich um die Gesundheit – den Geist – der Gemeinschaft und darum, die Vision dessen lebendig zu halten, was das Ziel ist und wie es erreicht werden soll. Die wichtigste Aufgabe des Schamanen ist es, das Volk als Ganzes unter einem Geist zusammenzuhalten, und seine nächste Pflicht ist, jedem Menschen beizustehen, der unter dem Verlust seiner Seele oder seines Geistes leidet und der, modern ausgedrückt, »geistlos« geworden ist.

Im schamanischen Verständnis ist Krankheit ein Verlust an Kraft. Kraft bedeutet hier Energie, nicht Macht. Es ist die Herrschaft über sich selbst, die einen kraftvoll sein läßt. Wenn wir voller Kraft sind, ist es unwahrscheinlich, daß wir krank werden. Vom klassischen schamanischen Gesichtspunkt aus können uns dann böse Geister, Eindringlinge oder Pfeile von anderen Menschen nicht verletzen. Die westlichen Ansichten sind ganz ähnlich, wenn wir feststellen, daß wir anfälliger für Krankheiten sind, wenn wir uns schlecht fühlen, wenn wir emotionale Probleme haben, wenn wir traurig sind oder an unterdrückter Wut leiden. Bevor ich mein Leben änderte, als ich völlig unzufrieden war und zu Depressionen neigte, bekam ich jeden Schnupfen und jede Grippe, die gerade kursierten. Seit ich mein Leben in Ordnung gebracht habe, bin ich kaum mehr krank. (Ich hoffe, ich fordere mein Schicksal nicht zu sehr heraus mit diesem Satz!)

Die Schamanen behaupten, daß die Hauptursache für Krankheiten die Trennung von der Natur, von der Gemeinschaft oder von unserem Ursprung ist. Interessanterweise ist die eigentliche Bedeutung des Wortes *Sünde* das »Getrenntsein von Gott«.

Vom schamanischen Gesichtspunkt aus verursachen unbewußte, von ihrem Ursprung abgetrennte Menschen Schaden, indem sie mit ihrem Haß, ihrer schlechten Ausstrahlung und ihren negativen Gedanken in andere Menschen eindringen. Wir senden die ganze Zeit Gedanken aus. Wenn wir gute Gedanken schicken, dann können sie segnen; wenn wir schlechte Gedanken schicken, können sie verletzen. Im großen Netz des Lebens wird alles von allem beeinflußt. Die schamanische Arbeit besteht darin, mit den Kräften des Universums eine direkte Verbindung aufzunehmen, um die Trennung von der Natur und vom Ursprung zu beenden. Daher können wir sagen, daß Schamanismus die Sünden heilt.

Die immerwährende Philosophie

Die *Philosophia perennis* stellt die These auf, daß es zwei Wege zur Erleuchtung gibt: die *Via positiva* oder den Weg der Integration in die Welt der Phänomene und der Sinne und die *Via negativa*, den Weg der Entsagung. Letzterer umfaßt Yoga, klösterliches Leben und den Weg des Sannyasin (diesen Begriff hat Rajneesh oder Osho ins Gegenteil verkehrt). Letzterer ist ein Weg der Askese, der Verleugnung des Körpers, der Sinne und der Sexualität, des Fleisches und der Erde. Er ist der Weg, um völlig aus dem Rad des Schicksals auszusteigen, ein seit alters geachteter Weg. Wenn aber diese Art zu leben degeneriert, wird sie puritanisch und verneinend, sie sieht schließlich die Erde nur noch als negativ an, und ihr einziger Lebenszweck ist dann »zur Rechten Gottes im Paradies zu sitzen«. Aus dieser Haltung heraus gehen den einzelnen die Erde und die Umweltverschmutzung gar nichts an, so lange er nur in den Himmel kommen kann. Extremisten auf diesem Weg sind eine mögliche Gefahr für alle von uns, die weiterhin hier auf der Erde leben möchten.

Die *Via positiva* ist der schamanische und der tantrische Weg, ein Weg, der voll in das Erdenleben integriert ist, in die Sinne, den Tanz, in die Sexualität als Weg zur Transzendenz. Die Erleuchtung geschieht über die Sinne, durch Lernen in vielen verschiedenen Bewußtseinszuständen, durch die Arbeit mit allen möglichen Sinnen, nicht nur mit den üblichen fünf. Die Erde ist unsere Heimat, und wir sind ein Teil von ihr und nicht von ihr getrennt. Der Himmel ist hier und ebenso die Hölle, je nachdem, wie wir unsere Wirklichkeit erfahren. Wir sind geistige Wesen, die hier auf die Erde gekommen sind, um etwas zu lernen. Mutter Erde ist unsere Schule, in der wir uns entwickeln, was anscheinend in anderen Dimensionen nicht so gut möglich ist. Wir sollten uns um unsere Große Mutter kümmern und gut für sie sorgen. Wir sind nicht hier, um sie mit unserer dummen, aggressiven Gier und den Ausschweifungen, die zur degenerierten Seite dieses Weges gehören, zu zerstören. Die *Via positiva* feiert das Leben und all seine Lektionen, den Körper als menschlichen Tempel der Erfahrung, den Körper der Erde als heilig und göttlich. Dieses Buch handelt von der *Via positiva*.

Westliche Kultur aus der Sicht des Schamanen

Wenn man unsere Kultur und Geschichte vom schamanischen Gesichtspunkt aus betrachtet, so scheint es, als hätten wir Westler mit unserer rationalen, technischen, christlichen Kultur einige ungewöhnliche Vorstellungen entwickelt. Wir sind wie geblendet von einer äußeren Realität und haben vergessen, wie wichtig das ist, was in uns ist. Dabei haben wir das Gefühl dafür verloren, wie innig wir miteinander verbunden sind. Wir haben sogar einen Gott erschaffen, der ein nur halber Gott ist, nämlich ausschließlich männlich; sein weiblicher Teil fehlt ganz. Wir haben Gut und Böse getrennt, so als ob man eine Münze in zwei Teile schneiden könnte, und wir haben unser Objekt der Verehrung weit draußen in den Himmel verlagert und möglichst weit weg von der Erde. Wir haben uns und unsere Kinder als elende Sünder verdammt, als böse und schlecht gerichtet und uns schon bei unserer Geburt mit der Erbsünde belastet. Wir haben zugleich die feste Vorstellung, die höchsten Wesen auf diesem Planeten zu sein, mit dem Recht, alles, was wir wollen, zu gebrauchen, auszubeuten und zu »entwickeln«, und wir haben unseren »Gott« dazu überredet, uns in dieser Fantasievorstellung zu unterstützen. Es scheint, als ob wir unser inneres Leben verloren hätten. Unser äußeres Leben ist dementsprechend überentwickelt, um diesen Verlust auszugleichen. Die Zeit ist nicht fern, in der unsere Kinder auf uns als sehr seltsame Ahnen zurückschauen werden.

Sehr viele Menschen der westlichen Welt sind spirituell verarmt. Wir hatten Jahrhunderte lang die Diktatur der Dogmen, wir haben unsere Macht an die Kirchen und ihre Priester abgegeben, die behaupteten, Gott sei ihr Eigentum, die sich zwischen die Menschen und den Schöpfer schoben und die Menschen im Glauben ließen, daß sie keine direkte Verbindung zu Gott hätten. Die Menschen sind auch medizinisch verarmt, seit die Frauen, die als Hebammen, Kräuterfrauen, Heilerinnen und Helferinnen der Gemeinschaft arbeiteten, als Hexen denunziert, ermordet und verbrannt wurden. Auf diese Art und Weise kam der ärztliche Beruf in die Hand der Männer. Den Menschen wurde gesagt, daß sie nur dem Arzt vertrauen sollten und nicht ihrer eigenen inneren Heilkraft und ihrem eigenen Wissen. Dies alles führte zu einem enormen Verlust an persönlicher Verantwortung und an persönlichem Selbstwertgefühl. Der Mensch wurde als jemand angesehen, dem man sagen mußte, wie er sich zu benehmen hatte und was er zu denken und zu glauben hatte, und als etwas, das man reparieren konnte, wenn es nicht mehr funktionierte. So haben wir die Verbindung zur Erde und zu uns selbst verloren. Wir haben unseren natürlichen Instinkt hintangestellt, uns in einer Welt der äußeren Dinge verloren und unseren Wert hauptsächlich nach dem bemessen, was wir dort erreicht haben.

Wir leiden alle an einem enormen Seelenverlust. Das wird deutlich bei den Gefühlen von Sinnlosigkeit, Selbsthaß, dem Mißbrauch von Alkohol und Drogen, bei Pornographie, Vergewaltigung, Kindesmißbrauch, Diebstahl und mangelndem Respekt vor der Erde. Das sind die Krankheiten unserer Zeit und unserer Gesellschaft, die uns noch umbringen werden, wenn nicht tiefgreifende Veränderungen eintreten. Diese Krankheiten führen zu einem Krieg in uns selbst. Der Krieg in uns selbst wird zum Krieg mit anderen Menschen, Gruppen und Ländern. Ein Krieg beginnt immer innen, wie alles andere auch, und wenn er nicht geheilt wird, verbreitet er sich so lange wie ein Krebsgeschwür, bis wir eine kriegsähnliche Konkurrenzgesellschaft haben.

Da der Westen darin versagt hat, den Traum von einem angenehmen Leben voller Reichtum, Glück und Wohlbehagen zu erfüllen, kommt das neuerwachte Interesse am Schamanismus und der Weisheit der Vergangenheit gerade zur rechten Zeit. Wenn wir die Entweihung von Mutter Erde überleben wollen, dann brauchen wir alle Hilfe, die wir nur bekommen können. Im Kollektiv reagieren wir nämlich wie ein paranoides Wesen, das Teile von sich selbst terrorisiert. Im letzten Jahr wurde weltweit eine Trillion Dollar für Waffen ausgegeben. Nur 12 Billionen Dollar wären aber nötig, um den Hunger auf der ganzen Welt zu stillen. Und doch bringen wir achtzigmal mehr Geld dafür auf, um uns gegen andere zu verteidigen. Wir haben Löcher in der Ozonschicht, und doch wächst die Zahl der Autos auf den Straßen und die Zahl der Flugzeuge auf den Luftwegen ständig an. Der Regenwald stirbt; im Jahr 1995 wurde ein Gebiet so groß wie der US-Staat Oklahoma vernichtet. Aber der Regenwald ist die Lunge unseres Planeten, der Sauerstoffproduzent der Erde – und was geschieht, wenn der Sauerstoff knapp wird?

Es ist auch sehr seltsam, wie wir unsere Konten handhaben. Das frühere Mitglied des Weltbankrates, Herman Daly, hat gesagt, daß das übliche nationale Kontosystem der wohlhabenden Staaten die Erde wie einen Betrieb, der liquidiert wird, behandelt. Die Umweltverschmutzung taucht z. B. dreimal im Bruttosozialprodukt als Gewinn auf: erstens bei der Herstellung in den Fabriken als Nebenprodukt von etwas Nützlichem, zweitens, wenn der Staat Billionen dafür ausgibt, um den Abfall wegzuräumen, und drittens in den Extrakosten im Gesundheitswesen und in der Behandlung der Schäden infolge der Umweltverschmutzung. Wenn Sie also das Gefühl haben, immer ärmer zu werden, obwohl die Zeitungen behaupten, daß der Wohlstand auf der Welt ständig ansteigt, haben Sie hiermit eine Erklärung.

Wir leben in einer Ausbeutergesellschaft. Die Leute werden dafür geachtet, wieviel sie sich nehmen und wie reich sie werden. Das steht in krassem Gegensatz zu vielen eingeborenen Kulturen, die die Menschen dafür achten, wieviel sie weggeben und wieviel sie zur Gemeinschaft beitragen. Diese Besitzgier kommt aus einem Bewußtsein der Knappheit, das die Wurzel einer Konkurrenzgesellschaft ist. In diesem Bewußtsein ist man andauernd damit beschäftigt, sich zu sagen: Es ist nicht genug da, und es wird nie genug sein, und ich muß mir meinen Teil nehmen, bevor es nichts mehr gibt. Im Vergleich dazu hat eine typische eingeborene Kultur andere Gedanken: Die Erde bringt jedes Jahr Neues hervor, und das müssen wir untereinander aufteilen, sonst sterben wir. Ein Mann mit zwei Pferden gibt eines demjenigen, der kein Pferd hat. Ein Mann, der kein Pferd hat, kann in einer auf Pferde gegründeten Gesellschaft seine Rolle nicht ausfüllen. Stellen Sie sich einmal jemanden bei uns vor, der zwei Autos hat und sich nach jemandem umsieht, der kein Auto hat, um ihm eines zu schenken!

Die Atomwaffen und Atomkraftwerke hängen wie ein Damoklesschwert über uns. Die durch Tschernobyl verursachten Probleme sind noch lange nicht vorüber, wie es scheint, und der Himmel weiß, wie viele Atom-U-Boote als Zeitbomben im russischen Meer liegen. Gegenwärtig stehen wir einer Situation gegenüber, die es zuvor in der Geschichte dieser Menschheit noch nicht gegeben hat.

Es ist einerseits eine Zeit der ungeahnten Möglichkeiten durch die Entstehung der erstaunlichsten Kommunikationssysteme, und andererseits besteht eine tödliche Gefahr für die Infrastruktur des Planeten selbst. Unseren Triumphen in Technologie und Wissenschaft stehen keine ähnlichen Entwicklungen auf dem spirituellen, emotionalen und moralischen Gebiet gegenüber, und wir sind jetzt in der Lage, uns selbst für immer auszulöschen und noch viele andere Leben mit uns zu reißen. Die ganze Menschheit wirkt wie ein unglücklicher, unzufriedener, deprimierter Patient, der an Selbstmord denkt, die nötigen Tabletten (oder Bomben) liegen aufgereiht vor uns, und wir fragen uns, ob es sich überhaupt noch lohnt, unser Leben wieder in Ordnung zu bringen.

Viele alte Kulturen erzählen in ihren Mythen, daß es das alles schon einmal gegeben hat, daß wir die vierte oder fünfte Welt sind. Wir sind nun an dem Schnittpunkt der Zeit, den auch alle anderen zuvor erreicht haben, an dem wir uns nämlich spirituell entwickeln oder sterben müssen. Die Mythen sagen, daß die Menschheit bis heute jedesmal versagt hat und wieder von vorne anfangen mußte. Auch wir müssen jetzt wieder einen neuen Traum träumen, einen Traum, in dem wir miteinander teilen, uns umeinander kümmern, einander lieben und helfen. Einen Traum, in dem wir unsere Waffen zerstören und den Hungernden zu essen geben, einen Traum der gegenseitigen Zusammenarbeit auf der ganzen Welt, des Umweltschutzes und der freiwilligen Beschränkung unseres Lebensstandards auf einen, der überall aufrechtzuerhalten ist – oder wir müssen uns der Tatsache stellen, daß wir uns alle selbst auslöschen werden.

Es besteht zur Zeit ein großes Bedürfnis, unsere eigene Verbindung zum Ursprung wiederherzustellen und uns selbst wieder Kraft zu geben, wieder Verantwortung für unser Leben zu übernehmen, für unseren Geist und unseren Körper, für das, was wir in der Welt tun, und vor allem für alles, was unsere Mutter Erde betrifft. Die Schamanen sagen, daß wir die Hüter der Erde sind. Wir haben als einzige Spezies das Wissen um unser Selbst und so die Macht bewußt zu wählen. Wie nie zuvor sind wir herausgefordert, zum Einssein mit allen Dingen zu erwachen, unsere Beziehung zueinander als

Zellen desselben Körpers, des einen Schöpfers zu erkennen, der sich in und auf der Erde manifestiert hat, und unsere weitgestreuten Kräfte weise zu nutzen.

Es ist an der Zeit, unsere Einstellung zu ändern, einen neuen Traum zu träumen und uns und unserer Gesellschaft ihre Mythen wiederzugeben. Die Wiederkehr des schamanischen Weges und der schamanischen Lehren ist dazu da, uns zu helfen und uns auf einen Weg der Schönheit zu führen. Die Essenz des Schamanismus, abgestimmt auf den heutigen Menschen der Städte und Vorstädte, kann einen Rahmen bilden und eine Fülle von Richtlinien und Rüstzeug geben, um diese riesige Aufgabe zu meistern. In den letzten Tausenden von Jahren haben wir viel gelernt, und wir dürfen nicht alles Moderne für schlecht und alles Alte für gut halten, aber wir können die Teile wiederfinden, die wir auf dem Weg verloren haben, die uns mit unseren Wurzeln und der alten Weisheit verbinden.

Wiederkehr des schamanischen Weges

Die ganze Szene der alternativen Workshops und Kurse ist wie eine gigantische alternative Universität, die in den letzten zwanzig bis dreißig Jahren sprunghaft entstanden ist und die zu dem Paradigmenwechsel beiträgt, den wir brauchen, um auf dem Planeten Erde zu überleben. Wenn wir zurückblicken, können wir Ansätze dieser Veränderung schon in den letzten Jahren des vorigen Jahrhunderts erkennen: in der Theosophischen Gesellschaft von 1880, dann weiter in den Werken von Alice Bailey, Freud, Jung, Reich und anderen, in vielen humanistischen und transpersonalen Therapien, im Eindringen des Buddhismus und anderer östlicher Religionen in den Westen, im Rock'n'Roll, in den Revolutionen der sechziger Jahre und der Rave-Szene der neunziger Jahre. Und natürlich darin, daß Schamanen ihr altes Wissen freigegeben haben, das Tausende von Jahren vollkommen geheim war, bis jetzt die Zeit gekommen war, es freizugeben. In einem gewissen Sinne kann das alles als eine Art Wiederkehr des Schamanentums gesehen werden. Diese Wiederkehr beinhaltet eine direkte Verbindung zur Quelle des Wissens, ohne die Vermittlung von Priestern und ohne Dogmen. Sie bedeutet, daß man die Welt der Visionen betritt, um sich mit seinem eigenen geistigen Lehrer zu verbinden und eigene Führung und eigenes Wissen zurückzubringen. Es ist ein Versuch des Menschen, sein Geburtsrecht und die eigene Macht zurückzufordern – das Recht auf die eigene Spiritualität, das Recht, unser eigener Arzt zu sein und uns selbst um unsere Gesundheit zu kümmern, das Recht, nach unseren eigenen Rhythmen zu tanzen, und das Recht, zu entscheiden, wie und nach welchen Regeln wir leben möchten.

Heutzutage gibt es einen übergroßen Hunger nach spiritueller Erfahrung, nach Sinn und Zweck des Lebens. Leider stürzt man sich dabei in Erfahrungen ohne Vorkenntnisse und ohne über die möglichen Folgen nachzudenken. Ich habe die Rave-Szene erwähnt; diese Bewegung hat das Potential, die Werte zu verändern und vielen jungen Menschen eine andere Sicht der Welt zu ermöglichen. Oder sie könnte sie vielmehr haben, wenn es da Weise oder Schamanen gäbe, die die jungen Menschen führen und ihnen helfen würden, die Spreu vom Weizen zu unterscheiden. Es macht wenig Sinn, seinen Bewußtseinszustand zu verändern, wenn man dabei nicht eine Vision mit zurückbringt, sie verarbeitet und dann kreativ in den Alltag umsetzt. Weltflucht führt uns buchstäblich dahin, wo nichts und niemand mehr ist. Der verstorbene Chippewa-Medizinmann Sun Bear sagte: »Erzähle mir nichts über deine Vision, wenn sie keine Früchte trägt.«

Ich sehe die »alternative Universität« als größte Hoffnung für eine fruchtbare Veränderung in der entwickelten Welt.

Nur durch Bildung und Weiterentwicklung können wir Wege in die Zukunft finden. Wir brauchen jedoch auch eine Anleitung, die uns dabei hilft, diejenigen Teile der persönlichen Geschichte loszulassen, die uns noch weh tun und sich zwischen uns selbst und unsere Fähigkeit, ganz im Jetzt zu leben, stellen. Wir brauchen Hilfe, um tiefgreifende Veränderungen in unserem Leben vorzunehmen, die nötig sind, um eine sinnvolle Existenz zu führen. Wir brauchen Hilfe, um den Mut zu finden, die Verantwortung für uns selbst zu übernehmen und damit aufzuhören, zu jammern und andere zu beschuldigen, Hilfe um eine neue, klare Vision zu finden: Warum wir in dieser Zeit leben und was der Kosmos von uns verlangt – im Austausch für das Geschenk des Lebens. Wir brauchen Hilfe, um uns wieder mit unserer wahren Mutter Erde und Vater Sonne zu verbinden.

2
Die Welt ist so, wie du sie träumst

Wir sehen die Welt nicht so, wie sie ist,
sondern so, wie wir sind.
Jüdisches Sprichwort

»Die Welt ist so, wie du sie träumst« ist ein Ausspruch von Numi, einem Shuar-Schamanen aus Ecuador. Die Schamanen sagen, daß die Art, wie Menschen ihren Alltag leben, ein Produkt dessen ist, wie sie die Welt innerlich »sehen«. Mit anderen Worten, ihre Mythen – die Geschichten, durch die sie sich selbst und ihre Umwelt definieren – stehen für ihren »Traum« von sich selbst und vom Leben, ihre Vision des Universums und wie sie da hineinpassen. Wir alle erleben das Universum häufig als feindlich und uns selbst als kleine und ohnmächtige Wesen, so daß wir dazu neigen, aufzugeben, und nur noch versuchen, uns anzupassen. Wie auch immer, ein Teil von uns stirbt dabei, und wir erleiden einen partiellen Seelenverlust (siehe Kap. 5).

Persönliche Mythologie – Träume, die ich lernte

Ich wurde im englischen Boardingschool-System erzogen, das weithin für die beste Erziehung gehalten wird, die man für Geld kaufen kann. Im Alter von acht Jahren wurde ich ins Internat geschickt, was ein Kind etwa so aufnimmt, als ob die

Eltern zu ihm sagten: »Wir lieben dich so sehr, daß wir dich wegschicken.« Ich fand mich selbst in einer erschreckenden Umgebung und umgeben von Wilden wieder! Es war eine Art Gefängnis mit Strafen für die kleinsten Unregelmäßigkeiten. Was hatte ich getan, um das zu verdienen? Ich mußte entsetzlich unliebenswert sein, um in diese Hölle abgeschoben zu werden. Nach einigen tränenreichen Jahren gelang es mir, nicht mehr zu weinen, meine Gefühle zu unterdrücken und ein »normaler« Junge zu werden. Das heißt, mit anderen zu konkurrieren, andere niederzuhalten, sich einzugliedern, um zu überleben – und sich dabei selbst fremd zu werden.

An der Schule, in der ich von meinem 14. bis zum 18. Lebensjahr litt, gab es ein ungeschriebenes Gesetz, daß ein Junge keinerlei eigenen Wert besaß; sein Wert bestand nur in dem, was er gewinnen konnte – als erstes für die Schule, als zweites für das Haus und ganz zuletzt für sich selbst. Das Recht auf ein eigenes Selbstwertgefühl und die Achtung von anderen war allein mit der Fähigkeit zur Selbstbehauptung verbunden. Die jüngeren Schüler waren damals so etwas wie Diener oder Lakaien, sie mußten kleinere Dienste für die »Präfekten« oder älteren Mitschüler leisten. Wenn man gründlichst über die Ansichten und Angewohnheiten der Schule belehrt worden war (dazu gehörte auch die Vorstellung, daß diese Schüler die Elite nicht nur von England, sondern von der ganzen Welt seien), wurde man im letzten Jahr selbst »Präfekt« mit dem Recht, die Jüngeren genau in die gleiche Hölle zu führen, die man selbst durchgemacht hatte – ganz zu ihrem Besten natürlich. Später, wenn man selbst Kinder hatte, schien es ganz selbstverständlich zu sein, den eigenen Sohn dieselben Qualen erleiden zu lassen, da man sich nur an das letzte Jahr der Macht und des Ruhmes erinnerte und nicht mehr an die vorhergehenden Jahre voller Qualen und Schmerzen. So erhält sich dieses System von selbst am Leben. Ein Mensch wird gebrochen, und an seiner Stelle wird ein falsches, konkurrierendes und kämpfendes Ego, voll von geheimem Entsetzen wegen seiner eigenen Wertlosigkeit, aufgebaut. Dieses falsche Ego scheint so real zu sein und fühlt sich so an, als ob es kein anderes im Inneren gäbe.

Der Sittenkodex, der mir in meiner Kindheit und frühen Jugend vermittelt wurde, lautete, vielleicht etwas übertrieben dargestellt, folgendermaßen: Die Welt ist ein schrecklicher Ort; man muß aufpassen, wie man sich benimmt, besonders in bezug auf das, was andere von einem denken könnten. Wenn du nicht wie die anderen bist und nicht die »richtigen« Ansichten hast, wirst du als unannehmbar ausgesondert. Manieren gehören mit zum Wichtigsten im Leben, und Sex ist eine eklige Sache, die man so lange vermeiden sollte, bis man im »sicheren Hafen der Ehe« ist. Frauen mögen keinen Sex und erdulden ihn nur, weil sie ihren Ehemann lieben. Männer mögen zwar Sex, aber vermeiden ihn, wenn sie gute Christen sind. Homosexualität kommt vom Teufel, und man muß sich davon immer fernhalten, denn wenn man einmal auf diesem Weg ist, wird man es immer bleiben. Ehen werden im Himmel von Gott geschlossen und müssen bis zum Tode halten, egal wie das Paar sich dabei fühlt. Wir müssen alle an Jesus glauben, an seine Auferstehung und Himmelfahrt. Wir müssen tun, was man uns gesagt hat, denken, was man uns gesagt hat, anziehen, was man uns gesagt hat, einen kurzen und ordentlichen Haarschnitt tragen (falls wir Jungen sind), um in den Himmel zu kommen und das ewige Leben zu erlangen. Wir gewöhnlichen Sterblichen sind mit der Erbsünde geboren worden und müssen von unserem schrecklichen angeborenen Wesen geheilt werden, damit uns unsere Sünden vergeben werden, sonst werden wir von der Welt nicht respektiert. Gott sitzt als Richter über uns, und wir müssen ihn lieben.

Das erscheint lächerlich, doch ich spreche hier über meine Erfahrungen, die nur etwa 50 Jahre zurückliegen. Gehen Sie noch einmal fünfzig oder hundert Jahre zurück, und es war noch viel, viel schlimmer, mit barbarischen Anschauungen wie Verbrennungen, Exkommunikation aus der Kirche (was damals tatsächlich der Todesstrafe gleichkam), wenn man nicht glaubte, was einem gesagt worden war. Was wir alle, die wir versuchen aus der jahrhundertelangen Unterdrückung aufzuwachen, bedenken müssen, ist die Tatsache, daß diese alten, aufgezwungenen Ansichten noch sehr, sehr tief in unserem kulturellen Bewußtsein verwurzelt sind. Das Erwachen aus den Verletzungen unserer eignen persönlichen Vergangenheit ist nur ein kleiner Teil der Befreiung von der Gedankenkontrolle, die jahrhundertelang in unserer Kultur ausgeübt wurde. Und die Kräfte, die uns in Ketten sehen wollen, sind noch am Leben und arbeiten fleißig daran, wie die neu entstehenden Spielarten des Fundamentalismus zeigen.

Kulturelle Mythologie – unser kollektiver Traum

Unser kollektiver »Traum« oder, anders gesagt, unsere Mythologie in Europa wurde etwa 2500 Jahre lang durch das Gedankengut von Aristoteles und später von Descartes beeinflußt, durch das Glaubensbekenntnis des wissenschaftlichen Materialismus, das die Grundlage unserer indisch-babylonisch-ägyptisch-griechisch-römisch-europäisch-amerikanischen Kultur bildet. Dazu kam in den letzten 1700 Jahren der Einfluß der organisierten Religionen, insbesondere der römisch-katholischen Kirche. Der wissenschaftliche Materialismus lehrte uns, daß Realität nur das ist, was man mit den physischen Augen sieht, mit den physischen Ohren hört und mit dem Körper berührt. Hier gibt es kein feinstoffliches Energiefeld, das den Körper umgibt, keine feinstofflichen Verbindungen der Gefühle, keine Geistwesen, keine Ahnungen und keine Intuition: Das Universum ist nichts anderes als eine riesige Maschine. Bruce Holbrook schreibt dazu in seinem Buch *The Stone Monkey:*

> Gemäß dem westlichen Paradigma wird willkürlich das Formlose von der Form, das Nichtabsolute vom Absoluten, das Nichtquantifizierbare vom Quantifizierbaren, das Nichtoffensichtliche vom Offensichtlichen getrennt. Dann wird das Formlose, Nichtabsolute, Nichtquantifizierbare, Nichtoffensichtliche ignoriert und in den Bereich der religiösen Mystik abgeschoben. Oder man leugnet seine Existenz.

Nur so kann das Okkulte (was einfach nur »das Verborgene« bedeutet) zu etwas werden, vor dem man Angst haben muß. Was die Wissenschaft nicht erklären kann, wird »übernatürlich«, und die natürlichen, feinstofflichen Sinneswahrnehmungen werden zu »außersinnlichen« Wahrnehmungen. Gott ist dann entweder abgetrennt, weit entfernt und übermenschlich, oder er wird schlicht vollkommen geleugnet. Von diesem Gesichtspunkt aus gibt es kein Leben vor der Geburt oder nach dem Tode, und das Ganze ist sowieso völlig sinnlos. Aber wir leben nun einmal hier, und je mehr wissenschaftliche Kenntnisse wir entdecken, desto mehr können wir das Universum unterwerfen und unsere Lage dadurch etwas verbessern. Wir können unseren Körper mittels Kryotechnik nach dem Tod einfrieren lassen und hoffen, später zu besseren Zeiten wieder aufzuerstehen. Achten Sie einmal darauf, was dies über den Wert einer Person als menschliches Wesen aussagt und über den Mangel an Vertrauen in das Universum, in Gott.

Die christliche Religion beschreibt uns dagegen eine Art statischen ewigen Lebens »sitzend zur Rechten Gottes« und eine riesige Last von Bedingungen, die wir erfüllen müssen, weil wir sonst »im Höllenfeuer verbrennen« werden. Es sieht so aus, als wäre das Christentum, wie wir es kennen, erst auf dem Konzil von Nizäa 325 n. Chr. entstanden, und zwar unter der Leitung des Kaisers Konstantin. Nach langen Beratungen der 318 Bischöfe entstand das offizielle Glaubensbekenntnis von Nizäa. Dieses Glaubensbekenntnis hat den jüdischen medialen Heiler, Propheten und Lehrer (oder Schamanen) in den einzigen Sohn Gottes, geboren vom Vater (ohne Mutter) für uns Männer und um unseres Heiles willen, gemacht. Das gilt nicht für Frauen, denn ihnen wurde von der Kirche erst nach 1545 eine Seele zugestanden – und das nur mit einer Mehrheit von drei Stimmen! Dieser Beschluß – wer Jesus war – kam also erst 300 Jahre nach seinem Tod und wurde von Leuten gefaßt, die unter anderem glaubten, daß die Erde eine Scheibe sei. Und dieser damals heiß umkämpfte Beschluß ist auch heute noch die Grundlage des Christentums.

Wir mögen lachen über die Vorstellung, daß den Frauen von der patriarchalischen Kirche erst widerwillig eine Seele zugestanden wurde, aber es ist ein hohles Gelächter. Spirituell haben wir in der Tat sehr wenig erreicht. In Großbritannien wurden in den letzten zehn Jahren Frauen in der anglikanischen Kirche schließlich doch als Priester (nicht als Priesterinnen!) akzeptiert. Einige Frauen haben die anglikanische Kirche daraufhin verlassen, um zur römisch-katholischen überzutreten und um sich selbst wieder zu zweitklassigen Bürgern, die dem Patriarchat unterworfen sind, zu machen. Das zeigt, wie machtvoll die Indoktrination sein kann.

Stellen wir uns nur für einen Moment vor, daß wir uns ins Zentrum der Milchstraße unserer Galaxie katapultieren würden. Wenn wir auf die Myriaden Galaxien des Universums sehen, erkennen wir, daß unsere eigene ziemlich klein ist und gar nichts Besonderes an sich hat. Dann stellen wir fest, daß auf einem winzigen Planeten, der um eine kleine Sonne im äußeren Bereich unserer Galaxie kreist, organisches Leben vorkommt. Könnte es sich vielleicht um einen Hauch von Arroganz bei diesen selbstbezogenen Wesen handeln, wenn sie glauben, daß der höchste Schöpfer des Universums einer von ihnen ist?

Es gibt viele religiöse Einschränkungen gegen die Sexualität. Für sehr strenge Katholiken gibt es keine Empfängnisverhütung, keine Masturbation, keinen Sex außerhalb der Ehe, und Sex in der Ehe dient nur der Fortpflanzung. Was für ein Rezept für ein elendes, »sündiges« Leben! Was für ein sicheres Mittel, um ein normales menschliches Wesen mit seiner eigenen Natur in Konflikt zu bringen. Und geschieht heute nicht gerade das: daß sich manche von uns nicht nur gegen ihre eigene Natur, sondern sogar gegen die Natur selbst stellen? Und zwar in einem so schrecklichen Ausmaß, daß wir Gefahr laufen, uns selbst und das Leben auf diesem Planeten auszulöschen?

Lassen Sie uns noch einmal aus dem Weltraum auf die Erde herabschauen. Sehen wir nicht aus wie eine Rasse von verrückten, schizophrenen und psychopathischen Zerstörern dieses Planeten? Abgetrennt von unserer wahren Natur, von der Natur unserer Heimat, des Planeten Erde, der Natur der Schöpfung und unserer Beziehung zum Schöpfer; mit erschreckend wenig Rücksicht und Liebe zu uns selbst; im Krieg mit allen Teilen unserer selbst, besonders mit der Sexualität; mit Riesenetats für Waffen, um uns gegeneinander zu »verteidigen«. Wie konnten wir im Westen jemals einen solchen Punkt erreichen und einen solchen Alptraum träumen?

Die Gespaltenheit des westlichen Traums

Meiner Ansicht nach gibt es drei wichtige Sprünge oder Brücken in der Art, wie uns das Verständnis der Welt gelehrt wurde. Als erstes wurde uns gesagt, daß der Schöpfergott und seine Schöpfung voneinander getrennt sind, anstatt ein und dasselbe zu sein. Stellen wir uns eine einfache Frage: Wenn

Gott der Erschaffer der Schöpfung ist, woraus hat Gott sie erschaffen? Alle Antworten ergeben überhaupt keinen Sinn, bis wir endlich feststellen: Der Schöpfer schafft das Universum aus sich selbst heraus.

Genau das ist seit 50.000 Jahren die schamanische Auffassung. Und es ist auch die Lehre Jesu. In der Peshitta-Version des syrisch-aramäischen Evangelientextes, der als der älteste bekannte Text gilt (wahrscheinlich vom zweiten Jahrhundert nach Chr., lange bevor das »Christentum« als Religion anerkannt wurde), lautet die erste Zeile des Vaterunsers: *»Abwoon d'bwashmaya«*. Hier einige Übersetzungsmöglichkeiten:

1. Die absolute Macht, Quelle, Einheit
2. Geburt, Schöpfung und Segensfluß aus der Einheit
3. Der Atem oder Geist, der diesen Fluß weiterträgt
4. Die Schwingung, die zur Form wird

Es gibt eine ausführlichere Übersetzung in dem Buch *Das Vaterunser* von Neil Douglas-Klotz. Wenn man diesen Satz mit »Vater unser im Himmel« übersetzt, dann bedeutet das, daß irgendwo da draußen im Himmel ein Vatergott ist, der alles kontrolliert, und das ist keine genaue Übersetzung dieser großen Lehre. Wenn wir jedoch Vater mit »geistiger Vater und geistige Mutter« und Himmel in seiner ursprünglichen aramäischen Bedeutung mit »Universum« übersetzen, sind wir etwas näher an dem dran, was Jesus meinte. Daher kann die erste Zeile auch so lauten: »Unser Mutter-Vater-Schöpfer, der im oder das Universum ist.«

Wie ist dann unsere Beziehung zum Schöpfer? Der Schöpfer ist alles, überall, denn wir leben *innerhalb* des Schöpfers. Wir *alle* sind dann Söhne und Töchter Gottes.

Der zweite Sprung oder Bruch besteht in der Vorstellung, daß Gut und Böse voneinander getrennt sind und daß da ein Teufel oder Satan ist, der nur darauf lauert, Gottes Willen zu stören. Der klassische Mythos von der Reise des Helden oder der Heldin beschreibt die Lebensreise von uns allen. Um ein Held zu werden, brauchen wir Herausforderungen und würdige Gegner. Was wäre Parzival ohne all die Hindernisse auf seinem Weg zum heiligen Gral? Was wäre Luke Skywalker in den *Star Wars* ohne seinen Gegenspieler Darth Vader? Was wäre James Bond ohne Smersh? Was ist das Gute ohne das Böse? Was ist Licht ohne Dunkel?

Wir übersehen oft, daß wir vom Licht genauso geblendet werden können wie von der Dunkelheit. Waren Sie je auf einer Skipiste in einem Schneesturm, wo alles um Sie herum weiß auf einem weißen Hintergrund ist? Der Himmel verschwindet, der Boden verschwindet, es gibt keinen Horizont mehr. Überall ist alles um Sie herum völlig weiß. Unter diesen Umständen ist es mehr als schwierig, nur aufrecht zu stehen, geschweige denn Ski zu fahren. Oder stellen Sie sich einen großen Maler vor, der ein wundervolles Bild in reinem Weiß malt, auf weißem Hintergrund! Ohne Kontraste sind wir geblendet. Wir können nur sehen, wenn es Hell und Dunkel gibt.

Wie kann eine Münze nur eine einzige Seite haben? Wie kann es einen Gott ohne Teufel geben? Der Teufel ist gleichbedeutend mit dem »Bösen«, Gott ist gleichbedeutend mit dem »Guten«. Vielleicht sind die Worte selbst ein Teil des Problems. Wenn wir das Böse verachten und Gott (das Gute) anbeten, tun wir so, als ob dies Kräfte wären, die außerhalb von uns sind und etwas mit uns anstellen. Wir machen uns selbst zum Opfer unseres Schicksals. Wenn wir anerkennen, daß der Schöpfer in *allen* Dingen ist und daß wir, auch wenn unser innerstes Wesen aufwärts gerichtet und gut ist, dennoch einen Schatten haben, einen Hang zum Abwärtsgehen. Die Feinde, gegen die wir wirklich innerlich kämpfen müssen, sind unsere Süchte und Ängste, unsere Trägheit, unsere Verhaftungen sind Wertungen, Neid, Geiz, Selbstüberschätzung usw. – erst wenn wir diesen Kampf aufnehmen, sind wir auf dem Aufwärtsweg. Wir müssen unseren Weg wählen und für uns und unsere Handlungen die Verantwortung übernehmen, dann wird das große Feedbacksystem des Universums, das Karma, uns entsprechend belohnen.

Gut und Böse können als die zwei Kräfte der Evolution und der Involution gesehen werden. Während der Evolution entwickelt sich das Ego – die Selbstwahrnehmung – zu einem tieferen und feineren Ausdruck von sich selbst hin, immer in der Gewißheit, daß es nur ein Teil des Ganzen ist. Bei der Involution verliert das Ego sein Gefühl der Individualität, vergißt, daß es nur ein Teil des Ganzen ist, und vor lauter Angst vor dem Tod setzt es allem, was anders ist, seinen Widerstand entgegen, weil es glaubt, sich dadurch selbst retten zu können. Der Widerstreit zwischen Gut und Böse kann auch als Kampf des Guten gegen das abwärtsstrebende Ego verstanden werden.

In der schamanischen Tradition gilt der Schöpfer als »Der, der alles ist«. Das Wort der amerikanischen Indianer für Schöpfer lautet »großes Geheimnis«. Das zeigt, daß die Schöpferkraft jenseits unserer Auffassungsgabe steht. Es gibt keinen Unterschied zwischen dem Schöpfer und der Schöpfung, alles wird als Ausdruck des Schöpfers *(Wakantanka)* gesehen. Die Indianer kenne keinen Satan oder Teufel, am nächsten kommt dem die Tricksterfigur *Coyote*. Coyote will das Böse nicht, aber er ist egoistisch, ignorant, närrisch und raffiniert. Aber all seine faulen Tricks fallen schließlich immer auf ihn selbst zurück, genauso wie bei uns Menschen. Diese Mythologie ist ähnlich wie die von Luzifer, dem ursprünglichen Lichtträger. Luzifer bringt Licht in die Dunkelheit. Wir lernen durch unsere Fehler. Als geistige Wesen in einem Körper müssen wir alle mit dem Feind in unserem Inneren kämpfen. Wir müssen unsere Sucht bekämpfen, unsere Ignoranz, unsere Trägheit usw. Jesus verbrachte vierzig Tage und Nächte in der »Wüste« seiner selbst. Er ging auf Visionssuche, um seinen Weg zu finden, und wurde mit seiner dämonischen Seite konfrontiert, seinem Satan, dem Feind in ihm selbst. Wenn wir einmal unserem inneren Dämon wirklich gegenüberstehen, mit ihm ringen und ihn besiegen, dann wird er unser Verbündeter. In der Psychotherapie gilt es als Binsenweisheit, daß die Klienten sich zu einem Therapeuten hingezogen fühlen, der dieselben Probleme hat wie sie selbst. Wenn Sie als Therapeut ein Problem bewältigt haben, wenn Sie damit gerungen und es schließlich besiegt haben, dann sind Sie genau die richtige Person, um einem anderen Menschen mit dem gleichen Problem zu helfen. Sie kennen das Problem aus Ihrer persönlichen Erfahrung heraus und nicht aus einem Lehrbuch. Sie wissen, wie Sie den Klienten durch diesen Teil der Unterwelt führen müssen, weil Sie selbst schon dort gewesen sind.

Das Ungleichgewicht zwischen dem Männlichen und dem Weiblichen

Eine weitere Kluft, die sehr tiefgehend ist, ist die zwischen dem Männlichen und dem Weiblichen. Das Weibliche wird durch vielerlei Begriffe definiert: rezeptiv, kreativ, Yin, ernährend, dunkel, innen, chaotisch, dionysisch, die Unterwelt, der Ort, wo wir schöpferisch sind, der Ort des Mysteriums und des Unbekannten. Das Männliche wird definiert als: aktiv, befruchtend, Yang, hell, außen, geordnet, appollinisch, die Oberwelt, der Ort der Tat, der Ort des Bekannten. Beim Medizinrad entsprechen dem der Westen und der Osten. Diese Kräfte sind in unserer westlichen Kultur seit vielen hundert, vielleicht auch Tausenden von Jahren ernstlich aus dem Gleichgewicht geraten. Das Männliche, der Vater, wird verehrt und hat die Macht inne. Das Weibliche, die Mutter, wird gefürchtet, lächerlich gemacht, entmachtet und in extremen Fällen sogar auf dem Scheiterhaufen verbrannt, und die Wälder, die Lungen von Mutter Erde, werden gerodet und verbrannt – ist das nicht eine sehr unheilvolle Analogie!

Es ist an der Zeit, die Große Mutter wieder in Zeremonien zu verehren, in der Kirche und auf dem freien Land. Wenn wir den Heiligen Geist, Gott den Vater und die Große Mutter wieder als ausgeglichene Dreiheit verehren, wird uns das helfen, unseren Traum zu verändern, und uns daran erinnern, daß wir unsere Mutter Erde genauso wie unseren Vater im Himmel verehren müssen, daß wir den Frauen und dem Weiblichen den gleichen Rang einräumen wie dem Mann, zu Ehren derjenigen, die Kinder aufziehen, die unsere Zukunft sind. Die ersten beiden heiligen Gesetze des Universums der amerikanischen Indianer lauten: *»Alles ist aus der Frau geboren«* und *»Nichts darf getan werden, was Kindern schadet.«* Die Leitbilder, die wir verehren, wieder ins gerechte Gleichgewicht zu bringen wird uns helfen, uns vom Weg in die bevorstehende Selbstvernichtung abzuwenden.

Wie schamanische Kulturen die Schöpfung betrachten

Der Schöpfer (die Schöpferin) erschafft beständig die Schöpfung aus sich heraus, und alles was ist, die gesamte äußere Welt, ist vom Schöpfer gemacht. Da wir ein Teil der zeitlosen Ewigkeit der Schöpfung sind, gab es uns schon vor unserer Geburt. Wir existieren auch noch nach dem körperlichen Tod weiter und haben an allem Anteil, wenn auch nicht in derselben Form und mit dem gleichen Grad an Individualität. Wenn wir in der dreidimensionalen Welt geboren werden, dann »sterben« wir in der geistigen Welt. Wenn wir in der dreidimensionalen Welt sterben, dann werden wir in der geistigen Welt wiedergeboren. Die *Bhagavadgita* beschreibt das mit folgenden Worten:

Es hat nie eine Zeit gegeben, in der ich oder du nicht existiert haben. Es wird auch in der Zukunft keine Zeit geben, in der wir aufhören zu existieren.

Wir alle sind ein individuelles Bewußtsein auf der Reise des Lernens durch das Leben. Wir sind nicht höher oder niedriger gestellt als die Tiere, Pflanzen, Mineralien oder der Planet selbst. Unsere Existenz ist vom Planeten Erde abhängig, von den Pflanzen, den Insekten, den Fischen, den Vögeln und den Tieren; alle diese sind schon vor uns dagewesen, und wir sind Teile des Planeten Erde und der Sonne.

Gut und Böse sind nur verschiedene Perspektiven, die zwei Seiten derselben Münze. Sie sind keine absoluten Größen, wie es auch die chinesische Philosophie lehrt: Das Yin ist nie ganz und gar Yin, und das Yang ist nie ganz und gar Yang. Ohne den Bösewicht haben der Herausforderer, der Held oder die Heldin keine Gelegenheit, das Heldentum zu entdecken und an Weisheit, Wissen und Liebe zu wachsen. Das Leben ist als eine Reihe von Herausforderungen gedacht, mit moralischen Wahlmöglichkeiten, durch die wir geprüft werden. Die Ergebnisse unserer Wahl erleben wir als Karma.

Wir alle erschaffen uns unsere eigene Erfahrung von »Wirklichkeit«. Castaneda läßt seinen Don Juan dazu sagen: »Wir sehen nicht die tatsächliche Welt, wir sehen nur ihre Beschreibung, so wie man es uns all die Jahre hindurch durch unsere Kultur gelehrt hat.« In magischen Augenblicken, die durch spirituelle Praxis entstehen, durch Zeremonien, durch ekstatische Zustände oder auch durch extremen Streß, können wir die Welt für einen Augenblick »anhalten« und erleben dann die wahre Wirklichkeit. Meist aber sehen wir nur eine Widerspiegelung unserer eigenen Projektionen.

Mit unserem inneren Dialog erzählen wir uns ständig, was »wirklich« ist. Wir sind gewohnt, Gedanken anstelle von Wirklichkeit zu setzen. Wir sehen Menschen, Orte, Objekte und uns selbst, und gleichzeitig denken wir über das nach, was wir sehen – und dann halten wir unsere Gedanken und Gefühle für die wahre Wirklichkeit! Das Universum ist sehr entgegenkommend und richtet sich danach. Man wacht morgens mit einem guten Gefühl auf und denkt: »Oh, heute ist ein guter Tag!« Das Selbstvertrauen wächst mit den positiven Gefühlen, man geht hinaus, und die Menschen reagieren auf die gute Laune, und so steigt das Selbstbewußtsein weiter. Frauen (oder Männer) lächeln Sie an, und Sie halten sich für begehrt, interessant und wertvoll. Ein anderer Tag bricht an, und Sie stehen mit dem sprichwörtlichen linken Fuß zuerst auf. Und das Universum kommt Ihnen wieder entgegen und arrangiert die Dinge so, daß sie genauso schlecht weitergehen, wie Sie es erwarten. Sie verpassen den Zug um eine Sekunde, verschütten Ihren Kaffee, sind schlecht gelaunt und nörgeln. Der Zeitungsverkäufer bedient jeden anderen vor Ihnen, schnauzt Sie an, und Sie fühlen sich dadurch häßlich und wertlos – und so geht es den ganzen Tag hindurch weiter. *»Wie man es glaubt, so soll es sein.«* Das Äußere ist nur ein Spiegel des Inneren.

Der sogenannte Placeboeffekt ist ein gutdokumentiertes Phänomen im Bereich der Gesundheit. Ich würde sogar noch einen Schritt weitergehen und behaupten, daß das ganze Leben mehr oder weniger ein Placebophänomen ist. Erwartungen und Prophezeiungen erfüllen sich selbst. Glauben Sie stark genug an irgend etwas, dann wird es vermutlich auch so passieren. Ein Navajo-Medizinmann sagt es treffend: »Wenn der Patient wirklich Vertrauen zu mir hat, dann wird er auch gesund. Wenn er kein Vertrauen zu mir hat, dann ist es sein Problem.«

Wir sind wie Magneten, die Ereignisse herbeirufen, die unserem inneren Glauben und Träumen entsprechen. Träumen Sie etwas mit konzentrierter Willenskraft, wie es die Schamanen tun, und das Universum wird darauf antworten. Ihr

Traum wird Wirklichkeit werden, wenn auch mit einer Zeitverzögerung, während der Sie fest an Ihrem Traum festhalten müssen. Nur wenn wir uns unsere erlernten Gedankenmuster bewußtmachen und die Dominanz des gewohnten inneren (un)bewußten Dialoges überwinden, erneuern wir unser Leben, auch wenn sich die Spieler und Orte dabei vielleicht verändern. Wie viele Menschen haben immer wieder Beziehungen, die mit großen Hoffnungen beginnen und allmählich herunterkommen, bis sie genau in dem gleichen Sumpf enden, wie alle anderen zuvor! Hier spielen sich Kindheitsmuster ab, die nicht bewußt gemacht und verarbeitet wurden.

Trotzdem möchte ich hier zur Vorsicht mahnen: »Wir schaffen uns unsere eigene Realität« ist zum New-Age-Schlagwort geworden, aber es ist problematisch, diese Feststellung zu einfach aufzufassen. Wenn Sie mitten in einem Erdbeben stehen und sich selbst fragen: »Wie habe ich dieses Erdbeben geschaffen?«, dürften Sie wahrscheinlich einer massiven Ego-Inflation und einem gigantischen Größenwahn anheimgefallen sein! Glauben Sie wirklich, daß Sie allein die Erde beben lassen können? Was ist mit all den anderen Menschen, die davon betroffen sind, den Tieren, Vögeln, Pflanzen, Insekten und Steinen? Diese Lebewesen sind viel zahlreicher als nur Sie allein, und sie alle haben ihr eigenes Karma. Diese Vorstellung ist zu grotesk, um ernsthaft in Betracht gezogen zu werden. Sie ist sogar gefährlich, wenn sie törichterweise in gewissen Umständen wie bei einem Angriff oder einer Vergewaltigung angewandt wird. Die Frage: »Wie haben Sie Ihre Vergewaltigung selbst geschaffen?« ist kaum hilfreich. Es ist besser zu fragen: »Wie habe ich mich in eine Situation gebracht, in der dieser Bastard mich vergewaltigen konnte?« oder »Wie komme ich ausgerechnet hierher, mitten in dieses Erdbeben hinein?« Mit diesen Fragen stehen Sie auf festem Grund (!) und können damit etwas Nützliches herausarbeiten. Haben Sie vielleicht einige Hinweise auf die mögliche Gefahr übersehen? Haben Sie übersehen, daß der Große Geist Ihnen einen Rippenstoß verpaßt hat? Sind Sie wie im Schlaf herumgelaufen, zu geschäftig, um auf etwas anderes zu achten?

Wir schaffen und interpretieren unsere eigene Erfahrung der Wirklichkeit, aber die Vorstellung, daß ein Mensch alle Wirklichkeit erschafft, geht an der Tatsache vorbei, daß wir den Planeten teilen, und der Planet Erde wird mit Wind, Wasser, Bergen und manchmal auch mit Feuer den Menschen verspotten, der glaubt, daß er all dies geschaffen hat.

Neuer Mythos

Wir Menschen der sogenannten entwickelten Welt brauchen dringend einen neuen Traum. Wir müssen uns und unsere Welt wieder »remythologisieren«. Wir müssen die großen Kräfte des Weiblichen und des Männlichen wieder ins Gleichgewicht bringen. Wir müssen ebenso erfolgreich miteinander zusammenarbeiten, wie wir miteinander konkurrieren. Wir müssen uns dessen bewußt sein, daß die Ressourcen der Erde nicht unendlich sind, sie umsichtig gebrauchen und wieder auffüllen, wenn wir sie benutzt haben. Wir müssen die Ressourcen der Erde teilen und nicht nach dem Motto »Der Gewinner kriegt alles« leben. Wir müssen uns selbst und einander achten, aber ebenso auch die Reiche der Natur, von denen unser Leben völlig abhängt. Ohne die Pflanzen, die Insekten, die Tiere können wir gar nicht leben. (Es macht uns demütig, wenn wir daran denken, daß unsere Existenz vom Regenwurm abhängt, der die Erde für die Pflanzen herstellt!) Ohne einen neuen Traum löschen wir uns selbst aus und zerstören die anderen Reiche. Aufzuwachen ist heute lebenswichtig!

3
Einführung in das Medizinrad

Im Schamanismus bedeutet das Wort »Medizin« soviel wie Vitalenergie, eine Energie, die der Natur innewohnt. Die Medizin einer Person ist ihre Kraft, ihr Wissen, der Ausdruck ihrer Lebensenergie. Ein Medizinrad ist ein Kreis der Kraft, des Wissens und des Verstehens. Das Medizinrad lehrt uns das Gleichgewicht und die Beziehung aller Dinge zueinander. In dem Buch *Sieben Pfeile* von Hyemeyohsts Storm heißt es dazu:

> Unsere Lehrer erzählen uns, daß alle Dinge innerhalb dieses universellen Rades von ihrer Harmonie mit allem anderen Sein wissen. Sie wissen auch, wie man sich anderen schenkt – nur der Mensch weiß davon nichts. Von allen Schöpfungswesen sind wir allein es, die geboren werden, ohne von dieser großen Harmonie zu wissen.

Seit alters wurde das Medizinrad dazu verwendet, um etwas über den Kosmos zu lehren. Die Reste von Steinkreisen hat man auf der ganzen Welt gefunden. Die Alten sahen ihre Welt in Kreisen und Kreisläufen, und sie betrachteten die Zeit nicht linear, sondern kreisförmig. Das Medizinrad lehrt, wie die natürliche Ordnung funktioniert, es zeigt den Platz des Menschen in dieser Ordnung und den Sinn des Lebens. Es zeigt die Kräfte, die das Universum im Gleichgewicht halten. Das System des Medizinrades ist lebendig, dynamisch, es lehrt das Leben, führt zu Veränderungen und paßt sich den Bedürfnissen der Menschen in ihren momentanen Lebensumständen an.

Wenn ich das Medizinrad auf Seminaren lehre, dann greifen mich oft Leute an und werfen mir vor, daß ich ein neues Glaubenssystem lehre. Aber der Begriff »Glauben« paßt hier überhaupt nicht her! Es geht vielmehr darum, Ihre eigenen Gedanken, Ihre Intuition, Ihre Fähigkeit zu sehen und Ihre emotionalen Prozesse anzuregen und Sie zu inspirieren, enger mit dem eigenen Geist in Verbindung zu treten und die imaginativen Fähigkeiten zu katalysieren. Es gibt nur ein einziges Kriterium: Funktioniert es für Sie, berührt es Ihr Herz, hilft es Ihnen und bereichert es Ihr Leben? Auf diese Art und Weise können Sie Wissen erwerben, anstatt Ihre Zeit mit Glaubenssystemen zu verschwenden. Glauben Sie also nichts, sondern machen Sie Ihre eigene innere Arbeit, bis Sie selbst ein Wissender sind!

Nun ein Wort zu den Lehrern. Alle eingeborenen Lehrer, die ich getroffen habe, hatten *Heyeokah*-Qualitäten. Ein *Heyeokah* ist der indianische Ausdruck für den Gegenspieler, den Joker, den Clown, den Trickster, den Coyoten. Westliche Menschen neigen aus einem naiven Vertrauen heraus eher dazu, sich Meistern, Gurus und sogenannten erleuchteten Lehrern zuzuwenden. Das kann ein schwerer Fehler sein, wie schon viele Suchende festgestellt haben, und zwar auf ihre eigenen Kosten, in bezug auf Geld, Selbstentwicklung und Macht. Sie mußten feststellen, daß sie den Guru und nicht sich selbst bereicherten, entwickelten und mit Macht ausstatteten. Eine gute Frage ist immer: »Hat Ihr Meister Sinn für Humor? Und kann er auch über sich selbst lachen?« Humorlosigkeit ist ein sicheres Zeichen dafür, daß Sie schleunigst das Weite suchen sollten.

Ein Schüler, der vollkommen naiv vertraut, gibt seine ganze Macht und Selbstverantwortlichkeit weg. Ein solcher Mensch geht tatsächlich zu seinem Guru und sagt: »Mach es mit mir.« Der Job des Gurus ist dann genau das: Er nimmt den Schüler auf eine beschwerliche Reise mit, bis er oder sie sich dann ihre Macht zurückholt. Kein wirklicher Lehrer will einen Speichellecker zum Schüler haben. Im Film *Das Leben des Brian* von Monty Pyton gibt es eine lächerliche Szene, als Brian, der zufällig zum Guru wurde, einer gewaltigen Horde von Jüngern, die jedes seiner Worte begierig aufsaugen, nicht entkommen kann. Falsche Lehrer nehmen gerne alles, was Sie haben, und freuen sich, daß das Konto des Ashrams wächst. Echte Lehrer werden Sie mit allen möglichen Tricks dazu bringen, aufzuwachen und Ihre eigene Macht anzunehmen. Sie wollen, daß Sie Ihre eigene Wahl treffen und die Verantwortung für die Ergebnisse übernehmen. Die Tricks können wehtun, daher ist es am besten, wenn Sie Ihre Macht anfangs nicht ganz hergeben. Übergeben bedeutet nicht, sich zu unterwerfen.

Ein erdverbundener Mensch, der in einer alten Kultur aufgewachsen ist, hat hier nicht dieselben Probleme wie ein westlicher Mensch. Er hat nicht gelernt, wie ein Papagei irgendein Glaubensbekenntnis an einen weit entfernten Gott nachzuplappern; er wurde nicht in einer Religion erzogen, die ungeprüfte Glaubenssätze lehrt, ohne sie zu hinterfragen; er ist nicht von der Erde entfremdet. Ein solcher Mensch nähert sich dem Lehrer eher wie einem Führer, der auf der großen Reise schon weiter ist, wie einem möglichen Freund, einem, der tiefer mit der geistigen Welt und dem Ursprungsbereich verbunden ist. Solch ein Mensch hat wahrscheinlich eher Vertrauen in die Reise selbst als in den naiven Glauben an einen Lehrer. Mit einem solchen Menschen kann ein Lehrer gut arbeiten.

Alle eingeborenen Meister und Lehrer, die ich das Glück hatte zu treffen, lachten viel. Um sie herum ist Humor, sie sind immer zu Späßen aufgelegt, zu Clownerien und Neckereien, sie stellen sanft alles Wichtige in Frage und machen ihre Witze darüber. So handelt ein *Heyeokah*, er trickst den Schüler in sein eigenes Wachstum hinein! Und genau das hat das Leben mit Ihnen getan, sonst würden Sie vermutlich dieses Buch nicht lesen.

Die vier Himmelsrichtungen sind die vier grundlegenden Kräfte oder Hauptpunkte des Rades. Großvater Sonne geht im *Osten* auf, und so ist der Osten mit der Kraft der Erleuchtung, dem Feuer der Imagination, dem Licht und dem Geist – dem unsichtbaren Aspekt von uns selbst – verbunden. Wie die Sonne, die unser Leben erleuchtet, bringt Großvater Sonne auch das Element Feuer, das unser Leben erhellt; auch dieses hat seinen Platz im Osten, zusammen mit der Farbe Goldgelb und dem Reich der Menschen, uns Göttlich-Sterblichen, deren Aufgabe es ist, Entscheidungen zu treffen und Sorge zu tragen. Die Polarität hier ist männlich; der menschliche Schild ist das freie oder magische Kind, und die Zeit ist Zeitlosigkeit. Der Osten ist der Platz der Weitsicht, und das Totem ist der Adler.

Mutter Erde ist gegenüber im *Westen* angesiedelt. Mutter Erde ist dunkel und physisch. Aus ihr ist alles geboren, und durch sie hat alles Leben. Natürlicherweise ist hier das Element die Erde und das Reich der Mineralien, der Steinwesen. Der Westen ist der Platz des Physischen, für uns das Haus des Körpers, den uns die Große Mutter gibt, um unsere Erfahrungen in der dreidimensionalen Welt, in der wir wählen können, zu treffen. Die Zeit, die der Körper versteht, ist das Jetzt. Wenn wir uns an eine Freude oder Trauer erinnern, dann registriert der Körper das erinnerte Gefühl, so als ob es jetzt tatsächlich ablaufen würde. Die Kraft, die wir brauchen, um auf der Erde zu leben, ist die Innenschau, die Fähigkeit tief in uns und in die Struktur des Lebens selbst hineinzusehen. Das Totem des Westens für die meisten nordamerikanischen Indianer ist der Bär (daher kommt der Teddybär). Das Inka-Totem ist der Jaguar, der unseren Geist beim Tod frißt und ihn in die »große Runde« zurückgibt, außer wenn wir ein zweitesmal »sterben« und wieder erwachen. In diesem Fall können wir dem Rachen des Jaguars entkommen und den »Regenbogenweg auf seinem Rücken« entlanggehen. Der Feind ist der Tod, und daher nimmt Mutter Erde unseren Körper am Ende unserer Lebenszeit in sich auf. Der menschliche Schild des Westens ist der Schild des erwachsenen Geistes oder des inneren Priesters oder der inneren Priesterin, immer in gegensätzlicher Polarität zur Person selbst.

Im Westen findet der Kampf statt zwischen der tiefen Innenschau einerseits, die uns inneres Wissen und Verbindung zur Urkraft gibt, und andererseits der Faulheit, dem Gefühl festzustecken, der Abtrennung, dem lebenden Tod. Das Leben wirklich zu wagen und jeden Augenblick mit überströmender Vitalität zu erleben ist eine große Aufgabe. Sie bedeutet, zu sich selbst immer wahrhaftig zu sein – nichts zu vermeiden, nicht zu lügen, nicht immer nur den leichtesten Weg aus einer Situation herauszunehmen, keine Kompromisse mit der Wahrheit zu schließen. Die Farbe des Westens ist Schwarz, die Polarität weiblich, rezeptiv und kreativ. »Alles ist aus der Frau geboren« ist das erste heilige Gesetz, und es kann viel bedeuten. Wir gehen an den weiblichen Ort in uns selbst, unseren dunklen, einsamen Ort, um schöpferisch tätig zu sein. Erst wenn die neue Idee, der Embryo, geboren und zu einem Konzept gereift ist, können wir es in den Osten bringen, ins Licht des Tages. Wenn eine Idee zu früh veröffentlicht wird, bevor sie in der Dunkelheit herangereift ist, geht sie oft verloren. Wie oft schon haben Sie über etwas gesprochen, was dann nie zustande gekommen ist? Es ist wahrscheinlich besser, still zu sein, damit schwanger zu gehen und nichts zu sagen.

Das erstgeborene Reich von Mutter Erde und Vater Sonne ist das Reich der Pflanzen. Pflanzen wachsen in der Wärme des Sommers, und sie sind vom Wasser abhängig, daher ist ihr

Platz im *Süden* (diese Lehren sind auf der nördlichen Erdhalbkugel entstanden). Der menschliche Aspekt, der hier dargestellt wird, ist die Welt der Emotionen – die Bewegung der Energie. Der Schild ist der Schild der kindlichen Substanz, manchmal auch das »verwundete Kind« genannt. Die Zeit ist die Vergangenheit, weil Gefühle mit vergangenen Ereignissen verbunden sind. Die Qualitäten sind Wahrheit und Unschuld, und der Feind ist die Angst: die Angst davor, man/frau selbst zu sein und die eigene Wahrheit zu leben. Es gibt zwei Formen der Angst – Swiftdeer nennt die erste die »realistische Angst«, die Angst vor etwas wirklich Schrecklichem, z. B. einem Erdbeben. Wenn wir diese Angst verspüren, dann reagieren wir spontan und unreflektiert, ohne jedes Zögern oder die Myriaden menschlicher Emotionen, die aus vergangenen Träumen und Zwängen herrühren. Unser Sein selbst handelt, mehr nicht. Wir neigen dazu, diese Art von Angst im Nacken zu spüren. Die zweite Art der Angst ist im Vergleich dazu »unrealistisch«, und wir fühlen sie im Solarplexus. Das ist die Angst davor, sich selbst zu zeigen, andere an uns teilhaben zu lassen, die Angst vor Beurteilung, vor Zweifel, davor, ob wir gut genug sind, oder ähnliches. Es ist die Angst, daß unsere Maske herunterfällt und die Menschen uns so »nackt« sehen können, wie wir wirklich sind. Diese Angst ist immer ein Produkt der Selbstüberschätzung und unserer Bemühungen, eine Maske, die gesellschaftlich anerkannt ist, anzunehmen. Ich habe meinen Spaß daran, dies zu demonstrieren, wenn ich einen Vortrag halte. Während ich über die verschiedenen Ängste spreche, lasse ich meine Stimme leiser und leiser werden, so lange, bis jeder gespannt zuhört, dann stoße ich plötzlich einen schrecklichen, lauten Schrei aus – und für einen Augenblick entsteht eine echte Angst!

Darüber hinauszuwachsen, dem Universum zu vertrauen und, biblisch gesprochen, Vertrauen in Gott zu haben ist das Werk des Südens, das Auslöschen der persönlichen Geschichte. Der Süden ist der »Ort der Nähe«, und sein Totem ist gewöhnlich die Maus. Es kann auch der Coyote, der Trickster, sein, der uns in eine heillose Verwirrung führt, um uns zu helfen, doch endlich aufzuwachen. Für die Inkas ist es die Schlange, die ihre Haut abstreift und damit ein Symbol für das Ablegen von alten Beschränkungen ist.

Im *Norden* ist das Luftelement und das Reich der ersten, die Luft eingeatmet haben, nämlich der Tiere, dort hat sich auch die Qualität des Verstandes entwickelt. Der Verstand denkt und plant für die Zukunft, deshalb hortet das Eichhörnchen seine Nüsse, und deshalb ist die Zukunft die Zeit des Nordens. Der menschliche Schild ist der Schild der Erwachsenensubstanz oder des erwachsenen Alltags. Die allgemeinen Qualitäten sind Weisheit, Ausgeglichenheit, Harmonie, Ausrichtung, Wissen – mit anderen Worten: ein Bewußtsein, das in Verbindung mit dem Ursprung lebt. Der innere Feind oder der Nagual-Feind ist das Bewußtsein, das nur *glaubt*, mit dem Ursprung verbunden zu sein, eine falsche Klarheit. Damit ist z. B. jemand gemeint, der so tut, als ob er alles weiß. Wir können den Feind und das echte Bewußtsein so unterscheiden: Das eine ist die wirkliche innere Weisheit, das andere sind Ansichten *über* die Weisheit – mit anderen Worten dummes Zeug! Die Farbe des Nordens ist Weiß, der Schnee des Nordens; die Qualitäten sind die Reinheit der Weisheit, das klare Bewußtsein, das weiße Haar der Alten. Der Norden ist der Ort des Wissens, und sein Totem ist der Büffel oder manchmal auch der Wolf. Bei den Inkas ist es das Pferd, der Bewahrer der Weisheit und der Philosophie der Menschen.

Der Mittelpunkt des Rades ist die Leere, der nicht manifeste Ursprung, aus dem wir alle kommen: das Ei, die Saat der Schöpfung.

Die vier Himmelsrichtungen bilden ein Kreuz, und an genau dieses Kreuz wurde Christus geschlagen. Jeder einzelne von uns, als möglicher Christus, Tochter oder Sohn

Gottes oder der Göttin, ist an das Kreuz der materiellen Existenz geschlagen. Wir sind in die Begrenzungen und Einschränkungen der Materie hineingeboren worden, in einen Körper, um den wir uns dauernd kümmern müssen, der zerbrechlich ist und recht hilflos in seinen ersten Jahren. Wir sind gekreuzigt am Kreuz von Erde, Wasser, Luft und Feuer (Körper, Gefühl, Bewußtsein und Geist), und wir sind so lange die »Opfer« unserer Situation, bis wir als Erwachsene unser Medizinrad mit unserem Willen und unserer festen Absicht drehen. Das Kreuz ohne Kreis ist das Kreuz der Schmerzen und des Leidens. Das Kreuz, das sich in einem Kreis befindet, ist das Kreuz, an dem Freude und Schmerz ausgeglichen sind. Das Kreuz in einem unterbrochenen Kreis, die Swastika in ihrer alten Form, ist das Zeichen des Schamanen, der das Rad gedreht hat und ein Meister seines eigenen Lebenskreises geworden ist. Das ist der tiefste Sinn dieses Weges.

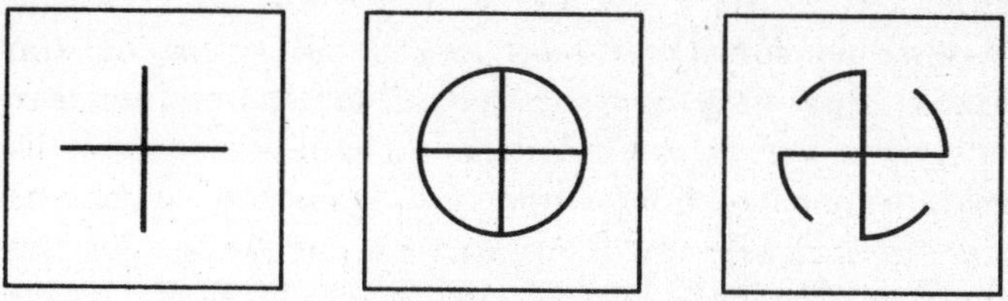

Die große Reise des Erwachens

Die meisten von uns beginnen ihre Reise des Erwachens als gewöhnliche Menschen ganz im Bann unserer Kultur, beherrscht von unserem Bedürfnis nach Sicherheit, Anerkennung, Billigung und Akzeptanz – als jemand, der auf die äußere Welt angewiesen ist, um seine Identität zu finden, und einen großen Teil seiner persönlichen Kraft abgegeben hat.

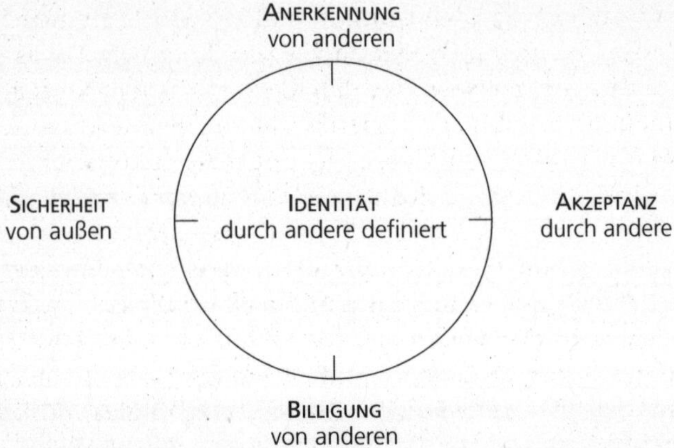

Ist es nicht traurig, daß ein solcher Zustand für normal gehalten wird? Wenn ich einen Vortrag halte, frage ich oft die Zuhörer, wie viele von ihnen jemals in Trance waren oder hypnotisiert worden sind. Einige heben die Hand. Als nächstes frage ich, wie viele glauben, niemals in Trance oder Hypnose gewesen zu sein. Meist heben sich hier sehr viel mehr Hände als zuvor. Schließlich frage ich dann: »Aber was ist mit der Trance, in der Sie sich gerade jetzt befinden?« Oft entsteht dann ein Gelächter des Erkennens. Ich spreche nämlich über die tiefste Trance auf dem Planeten Erde – die, die wir als normales Wachbewußtsein kennen! Für einige ist das eine ungewohnte Vorstellung, aber denken Sie einmal darüber nach! Sie? Wie konditioniert, hypnotisiert und betäubt sind Sie selbst oder andere Menschen, die Sie kennen?

Seit wir den Mutterleib verlassen haben, sind wir ständig indoktriniert worden. Wir nennen es Erziehung, Religion, Erwachsenwerden, und das zeigt nur, wie wir uns der Familie und Kultur anpassen. Später können wir in ferne Länder reisen und, wenn wir lange genug dort bleiben, eine Vorstellung davon bekommen, wie andere Kulturen die Welt sehen.

Dann stehen die Chancen gut, daß wir einen Kulturschock erleiden, wenn wir wieder nach Hause kommen. Das ist eine gute Gelegenheit zu sehen, daß die sogenannte »Normalität« nur ein kulturelles Phänomen ist und nicht eine absolute Gegebenheit. Wir sehen dann, wie ungereimt oder selektiv vieles ist, das in unserer Kultur als normal, richtig und gerecht gilt.

In der Kindheit sind es die vertrauten Vorstellungen und Archetypen der Familie, die unser emotionales Verständnis von der Welt bilden. Hier beginnt unsere Konditionierung. Wenn wir heranwachsen, wird die Gruppe der Gleichaltrigen und Gleichgesinnten sehr wichtig für uns, in dieser Zeit werden wir stark von der Modeindustrie und den Medien beeinflußt. Die meisten wollen dann »in« sein, besonders wenn ihr Selbstwertgefühl gering ist. Diese Art der Beeinflussung kann enorme Macht darüber haben, wie wir die Welt während dieses schwierigen Übergangs vom Kind zum Erwachsenen sehen und empfinden.

Unsere materiellen Verhältnisse werden von geschäftstüchtigen Imagemachern geformt, von Leuten, die den Wohlstand kontrollieren, und durch die Bilder davon, was es bedeutet, Wohlstand zu erreichen, durch Bilder von der vermuteten Freiheit und dem angeblichen Glück, die von dem Kauf dieser oder jener Sache abhängen sollen. Der spirituelle Aspekt des Lebens wird durch die religiösen Imagemacher kontrolliert, die Kirchen, die einem sagen, was man zu glauben hat. Man muß seine eigene Suche aufgeben und sie der Kirche überlassen, glauben, was einem gesagt wird, nur so kann man »gerettet« werden – vor dem schwierigen und schmutzigen Weg, auf sich selbst zu achten und für seine eigene spirituelle und psychologische Entwicklung die Verantwortung zu übernehmen.

In der Mitte dieses Rades sitzen die politischen Imagemacher und Meinungsbilder, diejenigen, an die man uns lehrt,

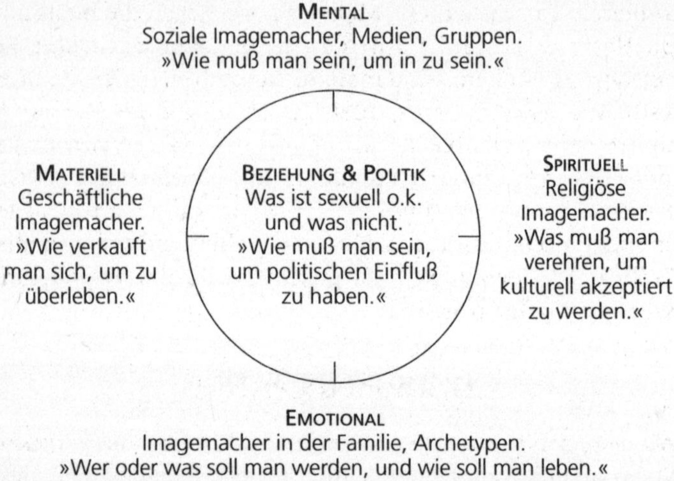

unsere meiste Kraft abzugeben. Dazu gehört auch unsere Sexualität, denn sie ist die kreativste Kraft in uns. Durch Sex schaffen wir neues Leben, nur durch Sex lebt unsere Art weiter. Die sexuelle Kraft liegt in unserem Wurzelrad (oder Chakra), und die Urkraft der Sexualität ist zugleich unsere kreative Energie, unsere Individualität. Es ist der Sex, der uns zum glücklichen Tanz des Lebens führt, der uns dazu drängt, uns mit anderen zu treffen und zu vereinigen, der die Vermischung der Menschen veranlaßt. Sex ist ein großes Stimulans und bringt uns in Bewegung. Daher ist er das wichtigste Ziel derer, die uns kontrollieren wollen. Es gibt zwei Wege, um die Welt zu beherrschen. Der eine ist der Weg des »Schwertes« – des mächtigen Staatsapparates, der kämpfenden Armee –, der andere besteht in der Unterdrückung der Sexualität und wird Religion genannt! Ein altes Scherzwort sagt, daß das, was das Römische Reich in Europa nicht erobern konnte, die Römische Kirche erobert hat. Aus diesem Grund ist es das wichtigste Ziel aller großen Weltreligionen, die Sexualität zu kontrollieren. Durch sexuelle Maßstäbe, die gegen die menschliche Natur gehen und nur denen, die sich danach richten, Erlösung versprechen, kann man die Menschen in der »Sünde« festhalten. Was für ein großartiger Weg, um die Massen zu kontrollieren, viel billiger als die Geheimpolizei, Gulaglager und die ganze repressive Staats- und Polizeimaschine. Man mache die Menschen nur schuldig, dann kann man sie unter Einfluß halten. Das war anders in den alten, erdverbundenen Kulturen, in denen Sex als große Quelle der Freude und Kreativität gefeiert wurde.

Grundbedürfnisse

Wir alle haben Grundbedürfnisse, und dies sind wirkliche Notwendigkeiten und nicht nur Wünsche. Wenn wir diese Dinge nicht haben, dann überleben wir nicht. Wir brauchen die entsprechende Nahrung, sauberes Wasser, eine Behausung, Kleidung, adäquaten Schlaf und Träume. Experimente in Schlaflabors haben gezeigt, daß Schlafentzug in den REM-Phasen (Traumphasen) unsere normalen Körperfunktionen behindert. Diese Traumschlafperioden sind unser inneres Sortiersystem, das die Tageserlebnisse verarbeitet. Wir brauchen

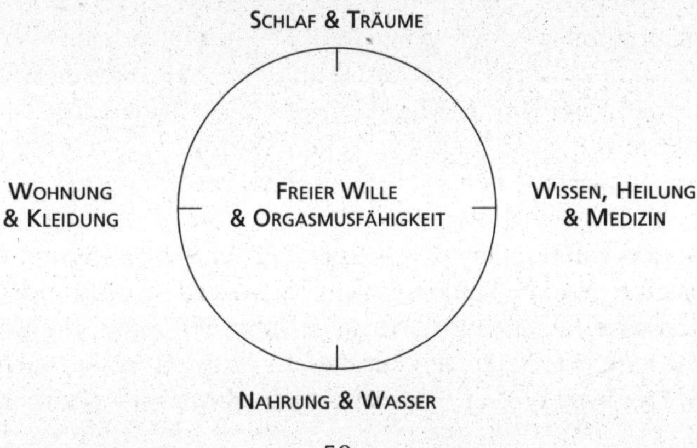

auch ein adäquates »Wissen« und eine adäquate »Medizin«. Ohne geistige Nahrung werden wir wie Zombies und verlieren unseren »Geist« oder unsere Inspiration. Wir brauchen schließlich einen adäquaten freien Willen und den Orgasmus. Das Rad lehrt uns, daß Orgasmus mit dem freien Willen Hand in Hand geht, mit der Fähigkeit, unsere eigenen Entscheidungen zu treffen und unser eigenes Leben zu bestimmen.

Der Süden

Wenn wir alle Konzepte, die bisher beschrieben wurden, verstanden haben, dann können wir uns bewußt auf die große Reise machen. Der erste Schritt ist der Süden, er wird mit dem Humor des *Heyeokah* »das Auslöschen der persönlichen Geschichte« genannt. Warum mit Humor? Weil es unmöglich ist, seine persönliche Geschichte auszulöschen! Joan Halifax nennt diesen Vorgang lieber »sich der persönlichen Geschichte annehmen«, das macht viel mehr Sinn und wird weniger leicht mißverstanden. Es geht eher darum, die kontrollierende Wirkung, die die Vergangenheit auf die Gegenwart ausübt, auszulöschen und sich durch die alten Traumen, Ängste und Abhängigkeiten durchzuarbeiten, durch unterdrückten Ärger, Haß, Gier, das Gefühl von Verlust, der Verlassenheit, des Betrugs, der Verwundungen und Vorbehalte. Das bedeutet in moderner Terminologie, die Psychotherapie anzuwenden, wann immer sie gebraucht wird. Denken Sie daran, daß Psyche Seele und Therapie Behandlung bedeutet, und damit reden wir über die Behandlung der Seele, psychospirituelle Arbeit, und nicht über das begrenzte Feld, für das man die Psychotherapie, die Psychoanalyse und die Psychiatrie oft hält. Die persönliche Geschichte auslöschen bedeutet, den emotionalen Körper zu heilen, so daß man in der Welt agieren kann und nicht nur reagieren muß. Mit der großen Erkenntnis der wahren Natur des emotionalen Körpers wird man zum Meister über das niedere Selbst und läßt sich nicht länger von seinen Emotionen beherrschen. Außersinnliche Fähigkeiten erschließen sich dann, wenn die verwirrenden emotionalen Bedürfnisse, Wünsche und Abhängigkeiten in den Hintergrund treten und aus Monstern zu Freunden werden.

Beim Medizinrad ist die Nord-Süd-Achse der *rote Weg*. Dies ist der Weg des Herzens, der Gefühle, des Verstands und der Seele. Die Ost-West-Achse ist der *blaue Weg*, der Weg des Körpers und des Geistes, der Tiefe und des Lichts. Diese beiden zusammen bilden ein vollkommenes Rad. Unglücklicherweise werden sie in der westlichen Welt häufig als getrennt betrachtet – spirituelle und psychotherapeutische Arbeit gelten als zwei getrennte Gebiete. Vom schamanischen Gesichtspunkt aus macht das keinen Sinn – die Psychotherapie (Behandlung der Seele) ist ein spirituelles Unterfangen, und spirituelle Arbeit, ohne die Wunden der Vergangenheit zu heilen, hat keine solide Grundlage. Die Reise des Schamanen ist eine ganzheitliche Heilungsreise und beinhaltet alle vier Himmelsrichtungen, alle vier Aspekte einer Person.

Kontakt mit den Gefühlen

Entdecken Sie die verdrängten Schmerzen und Qualen, die in der eigenen Vergangenheit eingeschlossen sind und im stillen soviel Verwüstung im alltäglichen Leben und in der Gesundheit anrichten. Das ist eine schmerzhafte Arbeit, die an die Substanz geht. Der Schmerz der Vergangenheit wird wiederaufleben, der Schmerz, der verborgen in der Erinnerung, in der Muskulatur so lange weiterlebt, bis er endlich verarbeitet, entlassen und geheilt wird.

Kontrolle der Emotionen

Nur ein Kind lebt mit ungezügelten Emotionen. Es ist jetzt an der Zeit, den emotionalen Körper zu kontrollieren, d. h., Gefühle zu empfinden, aber zu kontrollieren, wie und wann ich sie zeige. Ich sehe viele Probleme, die aus mangelndem Verständnis dieser beiden verschiedenen und anscheinend gegenteiligen Ebenen entstehen. Manchmal scheint es so, als ob der östliche Pfad nur den zweiten Teil lehrt und die westliche Psychotherapie nur den ersten Teil. Daher treffen wir spirituelle Leute, die keine Gefühle zeigen, und andererseits therapeutisch geschulte Menschen, die unkontrolliert ihre Gefühle ausleben.

Selbstbestimmung

Die persönliche Geschichte auslöschen hat noch einen anderen wichtigen Aspekt, und der besteht in den Vorstellungen, die andere von uns haben. Unsere Familie und unsere Freunde haben eine feste Vorstellung davon, wer wir sind, von unseren Fertigkeiten und Mängeln, unseren Talenten und Marotten. Wenn wir anfangen, uns zu verändern und zu wachsen, dann machen wir die alten Spiele nicht mehr mit. Unsere Umgebung ist dann wahrscheinlich empört und versucht uns wieder in die alte Schachtel zu stecken, in der wir bis dahin immer waren. Mit diesem Problem muß jeder, der sich auf die große Reise begibt, rechnen. Auf allen spirituellen Wegen gibt es Ratschläge dafür, wie man mit dem Problem, alte Freunde oder die Familie zu verlieren, umgehen kann. Letztlich ist ein solcher Verlust bis zu einem gewissen Grade unvermeidlich. Ein Mensch, der immer der Sündenbock der Familie gewesen ist, kommt nach einer Zeit der inneren Entwicklung nach Hause zurück, und die ganzen alten Spiele in der Familie fangen wieder von vorne an, aber jetzt reagiert die Person nicht mehr so hilflos wie früher. Vermutlich bekommt es die Familie mit der Angst zu tun. Dieser Mensch ist nicht mehr der Sohn (Tochter, Enkel, Schwester, Bruder, Mann, Frau usw.), den man kennt. Welches Recht hat er, sich so zu benehmen? Der Krieger muß stark bleiben, egal, was passiert. Wenn der Preis darin besteht, Freunde und Familie zu verlieren, dann soll es so sein, denn die Zeit heilt alle Wunden. Aufzugeben bedeutet, diesen Kampf zu verlieren, so daß er wieder und wieder ausgefochten werden muß. Und jedes Mal wird er immer schmerzhafter und schwieriger.

Der Westen

Die zweite Station der Reise ist der Westen, und der Name dieser Station ist: »den Tod als Freund und Ratgeber treffen«. Das hat viele Bedeutungen, zuerst müssen wir uns daran erinnern, daß der Körper, den wir bewohnen, vergänglich ist und eines Tages sterben wird. Das bedeutet nicht, daß unser Bewußtsein aufhört, nur weil wir nicht mehr inkarniert sind. Aber diese Gelegenheit zum Wachstum und zur Entwicklung hier im Fleisch der Großen Mutter, das Leben in der materiellen Welt zwischen den Kräften des Lichts und der Dunkelheit, geht einmal zu Ende. Dann kehren wir zurück, zum großen Kreis, zur geistigen Welt, zur Welt, von der wir gekommen sind.

Es bedeutet auch, der Notwendigkeit ins Auge zu sehen, daß viele Teile unserer selbst, unserer gängigen Angewohnheiten, Vorstellungen von uns selbst usw. sterben müssen. Der Tod gibt das Leben. Ein Mensch, der im Leben steckenbleibt und Veränderungen Widerstand leistet, hält die widerstrebenden Aspekte von sich selbst fest. Die einzige Konstante auf dieser Welt ist der Wandel, und wenn wir ihm widerstehen, bleiben wir stecken und werden wie tot – d. h., wir landen in der Depression. Die Qualität des Westens ist die tiefe

Innenschau – »der Ort des Nach-innen-Sehens«. Im Westen bewegen wir uns über die persönliche Geschichte des Südens hinaus zu unserem Platz der kulturellen Heilung hin. Wir sind keine Inseln, wir alle sind Teile unserer Familie, unseres Dorfes, unseres Stammes, unserer Stadt, unseres Landes und schließlich Teil aller Menschen hier auf dem Planeten Erde.

Wenn wir tief nach innen blicken, entdecken wir die Welt der Archetypen und beginnen zu sehen, was für Kräfte durch sie in uns wirken. Mit einer tiefen Verbindung zur inneren Welt wächst unsere Intuition. Intuition ist die Verbindung mit der geistigen Welt oder der Welt der Ursachen. Es ist die Welt, in der wir die Dinge »wissen« und anfangen, uns davon zu befreien, das zu glauben, was andere uns glauben lassen wollen. So kommen wir auf unserer Reise zur Selbstbestimmung und Individuation voran.

Der Norden

Die dritte Station der Reise ist der Norden, das Reich des Verstandes, und die Bewegung dort nennt man »das Anhalten der Welt«. Im Zen sagt man dazu: »das direkte Wissen« oder »das ungetrübte Bewußtsein«. Das bedeutet, unseren alltäglichen »Trance«-Zustand des normalen Wachbewußtseins anzuhalten, das uns sagt, daß die Welt »da draußen« ist und uns widerfährt. So erreichen wir das innere Reich der Ursachen, der Mythologie, des Geistes, das uns – manchmal erschreckend deutlich – zeigt, daß hier das eigentliche Geschehen stattfindet und daß die Welt »da draußen« in der Tat existiert, aber nur ein Echo ist.

Der Osten

Die vierte Bewegung geht in den Osten des Rads, und man nennt sie »das Meistern der Träume«. Diese Bewegung bedeutet auch, eine neue Vision und Sinn zu suchen. Alles, was sich in der dritten Dimension der Alltagswirklichkeit manifestiert, geschieht zuerst im »Traum«, der zur fünften Dimension gehört. Es ist die Zeit der Visionssuche und der direkten Verbindung mit der Traumwelt, das Reich der Kausalität und der geistigen Lehrer, es ist auch die Zeit, seinen Lebenssinn abzuklären, so daß man sein Erwachen »träumen« kann. Es ist die Zeit des Erwachens zum Wissen der wahren Wirklichkeit – dazu, wie die Dinge wirklich sind.

Das Zentrum

Die letzte Bewegung geht zum Zentrum, wo wir die volle Verantwortung für die eigene Existenz übernehmen und die eigene Macht handhaben lernen. Es gibt nun nichts und niemanden mehr, den man beschuldigen könnte. Es ist an der Zeit, die volle Verantwortung für alle Handlungen zu übernehmen, und das ohne Schuld und Scham. Das Leben ist ein perfekter Ausgleich zwischen Licht und Dunkel, eine Arena zum Lernen und Wachsen in die Erleuchtung hinein, geleitet

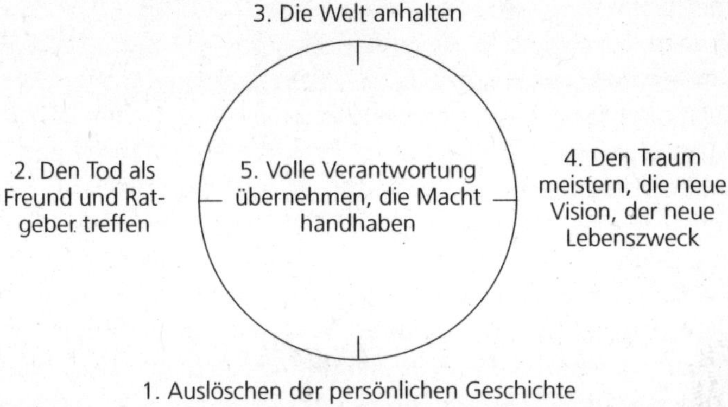

Die große Reise

vom Geist, um in Vertrauen und Unschuld zu leben, um wieder ein Kind zu sein, aber jetzt ein magisches Kind.

Werkzeuge für die Reise

Im Süden helfen uns die Mythologie, das Erzählen von Geschichten über die archetypischen Ebenen und die Kämpfe des Lebens. Hier gibt es auch das »Seelenheilen«, welches die Psychotherapie, Hypnotherapie und alle anderen Methoden, die die Wunden des Emotionalkörpers heilen, umfaßt.

Im Westen helfen uns die Zeremonien. Zeremonien sagen dem Rationalisten oft wenig zu, der in seinem Newtonschen Weltbild gefangen ist. Trotzdem ist die Zeremonie ein kraftvoller Weg, um zu dem inneren Wesen zu sprechen. Durch eine Handlung in der äußeren Welt, wie das Anlegen eines Medizinrades mit Steinen, dem Markieren der vier Himmelsrichtungen und dem Hinwenden zu den Richtungen, um zu beten und physischen Kontakt zu Wasser, Erde, Luft und Feuer zu finden, kann Information an unser Inneres übermittelt werden. Genauso wie unser inneres Wesen (das zu Unrecht *Unter*bewußtsein oder noch schlimmer *Un*bewußtes genannt wird – *Über*bewußtsein wäre der richtige Name!) zu unserem äußeren Wesen in der Sprache der Träume spricht, müssen wir auch dieselbe Sprache verwenden, um von außen nach innen zu sprechen. Die Zeremonie ist genau der richtige Träger dafür. Unser inneres Wesen erlebt die Erfahrung in der Zeremonie zugleich als wirklich und als gegenwärtig. Sie ist daher ein wirksamer Weg, um den »Traum« zu verändern.

Affirmationen sind seit etwa zwanzig Jahren sehr verbreitet. Ihr Nachteil liegt darin, daß sie eine verbale Sprache verwenden, die nur das äußere Bewußtsein voll verstehen kann, und nicht die natürliche Sprache des inneren Selbst. Das Gute an der Zeremonie ist, daß sie die Verzauberung des Traumes benutzt und so direkter mit dem inneren Wesen sprechen kann. Ein guter Leiter von Zeremonien benutzt viele dekorative und theatralische Mittel, um die Botschaft hinter das Alltagsbewußtsein zu transportieren und um es abzulenken, während die eigentliche Botschaft eindringt. Im gewissen Sinne handelt es sich hier um eine dreidimensionale Hypno-Drama-Therapie!

Im Westen des Medizinrades helfen uns auch das Bewußtsein der Erde, Tanz und Bewegung. Das sind Methoden, um zu unserer eigenen Erde zu kommen. Wenn wir annehmen, daß der Mensch im Herzchakra zentriert ist, dann steht der untere Bereich oder die Erdenwelt für alles, was unterhalb des Herzchakra liegt, wie Solarplexus, Hara und Wurzelchakra. Die obere Welt steht für alles, was darüber liegt, die Kehle, das dritte Auge und die Krone. Der Westen bezieht sich auf alles, was unten liegt (und der Osten auf alles, was oben liegt), und so verhilft er uns dazu, die Wunden unserer Verbindung mit der Erde zu heilen.

Der Norden ist das Reich des Bewußtseins, und so dienen uns hier die Lehren des Medizinrads als Weg, um zu sehen, zu verstehen und unserer Welt »einen Rahmen zu geben«. Hier gibt es auch die Ratsversammlung, den heiligen Kreis, in dem wir unser inneres Leben miteinander teilen und in dem wir hören, wie es in anderen aussieht. Hierher gehören die schamanischen Reisen und das »Zurückholen« von Seelen als Teil der Bewegung zum »Anhalten der Welt«. Wir können diese aber auch im Westen plazieren, beim Körper und der tiefen Innenschau. Denken Sie immer daran, daß ein Rad nur eine Landkarte ist, nicht das Land selbst, und immer in Bewegung bleibt.

Der Osten ist der Platz des magischen Kindes und der Wiedergeburt – daher müssen wir hier »absichtslos« handeln. Es ist der Ort der Visionssuche, unseres Platzes in der Natur, um Visionen vom Geist zu empfangen.

Im Zentrum sitzt der größte von allen Lehrern – die Große Mutter, Mutter Erde, Mutter Natur.

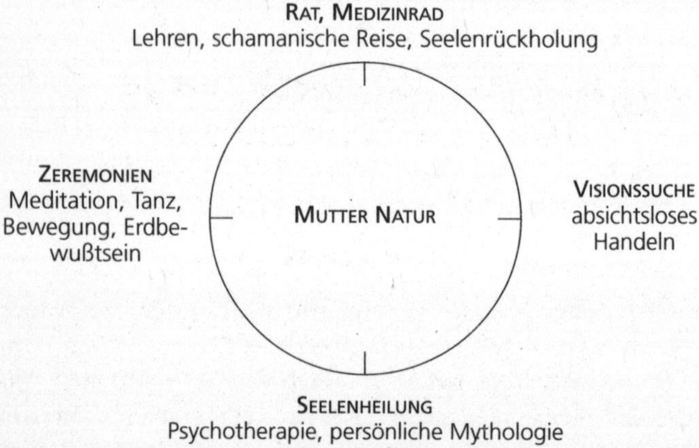

Die Werkzeuge

Mit diesen Werkzeugen und diesem Verständnis können wir den Weg, ein Krieger des Geistes zu werden, antreten. Wir können anfangen, auf die Freiheit hinzuarbeiten, auf Individualität, Autonomie und Authentizität hin, hin zum freien Willen, unseren Lebensweg zu wählen auf der großen Suche nach dem Geheimnis des Selbst und des Lebens.

Das ist eine kurze Einführung in diese vielschichtigen und vieldeutigen Lehren. Die grundlegenden Medizinräder sind der *Twenty Count* oder *Children's Count* und der *Star Maiden's Circle*. Diese und andere wunderbare Lehren werden darauf warten müssen, in einem anderen Buch veröffentlicht zu werden.

4
Praktische Werkzeuge für den Schamanen

Der Kreis

Die Alten trafen sich in Kreisen und stellten sich die Welt in Form von Kreisen vor, daher haben ihre Lehren oft die Form eines Rades. Der Kreis steht für Gleichheit. Jedes Mitglied sieht den Kreis aus einem anderen Blickwinkel, aber jeder sieht nach innen, und für jeden stehen auf seiner Seite des Kreises genauso viele Menschen wie auf der anderen Seite. Die heutigen westlichen Menschen treffen sich im Quadrat oder Rechteck mit einem Lehrer, Priester oder Direktor, der vor ihnen die höchste Stellung einnimmt, meist noch auf einer erhöhten Plattform, während alle anderen in Reihen sitzen und auf das hören, was ihnen gesagt wird. Diese Anordnung spiegelt genau die Struktur der Gesellschaft wider. Für den Westen ist der Schöpfer abgetrennt und losgelöst von allem, er ist verantwortlich und duldet keinen Widerspruch. Die Alten lehren, daß der Schöpfer hier und überall ist, in allem und jedem, innerhalb und außerhalb des Kreises. Die westlichen Menschen glauben, daß Wissen etwas ist, das von denen, die es wissen, denen beigebracht wird, die es nicht wissen. Letztere übernehmen es in Form von Glauben und Regeln, die befolgt und beachtet werden müssen. Für die Alten ist Wissen etwas, das man austauschen und teilen kann, das fortlaufend entschleiert wird, wobei die Stellung jedes Mitglieds des Kreises und die Erfahrung, die ein jeder mit allen teilt, den gleichen Wert haben.

Für westliche Menschen ist es eine wirklich gute Erfahrung, sich in einem Kreis zu treffen und so auf eine heilige Weise zusammenzukommen. Mit »heilig« meine ich eine Zusammenkunft, die den Schöpfer, die Schöpferin und die Schöpfung ehrt und in der nur ein Minimum an Hierarchie herrscht. Das ist das genaue Gegenteil des typischen Treffens in einem Lokal, wo das konkurrierende Alkoholbewußtsein herrscht: das gegenseitige Herabsetzen, die abfällige Bemerkung, das subtile Spiel um Macht, das Bildzeitungsbewußtsein. All dies führt dazu, daß das Heilige draußen bleibt; es verstärkt das Gefühl der »normalen« Selbstzweifel, den Mangel an Selbstachtung und Selbstliebe und führt zu Konkurrenzdenken und dazu, sich selbst immer beweisen zu wollen. Versuchen Sie einmal in einer solchen Situation Ihren »Freunden« zu sagen, daß Sie sich selbst wirklich mögen, schätzen und lieben, und wundern Sie sich nicht über die wilden Beschimpfungen, die darauf folgen werden.

Zeremonie und Ritual – heiliger Ort und heilige Zeit

Zeremonie und Ritual sind Methoden, bei denen die normalen Bezugssysteme beiseite gelassen werden, um einen heiligen Raum und eine heilige Zeit zu schaffen. Die Zeremonie ist eine Methode, um etwas in der äußeren Welt zu schaffen, das zum inneren Sein und zur inneren Welt sprechen kann. Die Normalität wird durch Übereinkunft aller Betroffenen aufgehoben, und wir gehen zusammen in eine heilige Zeit und einen heiligen Raum hinein. Wir schieben die Dominanz des Ego beiseite und legen unsere Geschäftigkeit ab. Heilige Zeit ist eine Zeit, in der wir nichts haben müssen, nichts tun müssen, nichts erstreben müssen und nichts versuchen müssen. Wir brauchen nur zu lauschen, unsere Wahrheit zu sagen, mit offenem Herzen zur großen Kraft des Universums zu beten und tief auf die anderen, die auch im Kreis sind, zu hören. Wir treten in den magischen Raum der Zeitlosigkeit ein, in dem nur noch das Hier-und-Jetzt wichtig ist. Die Hopis pflanzen ihren Mais nur zu einer heiligen Zeit und in einem heiligen Raum. Sie verwandeln dadurch eine gewöhnliche Handlung mittels ihrer Absicht und Aufmerksamkeit in eine heilige Handlung.

Durch Zeremonien haben wir die Möglichkeit, an Mutter Erde Energie zurückzugeben und ihre Stimme und die Stimme der großen Kraft zu hören. Die Bibel erzählt, daß Jesus zu den Wellen gesprochen hat und dem See befahl, ruhig zu sein, er hat auch zur Erde gesprochen und andere Dinge gemacht, die Schamanen gewöhnlich tun. Und er sagte: »Was ich tun kann, könnt ihr auch tun, und ihr werdet noch größere Werke in meinem Namen tun.« »In meinem Namen« bedeutet hier »in meinem Wesen«, dem Wesen eines Erleuchteten. Um tiefere Einsichten in Zeremonie und Ritual zu bekommen, empfehle ich das Buch *Vom Geist Afrikas* von Malidoma Patrick Some.

Der Altar

Am Altar werden wir an unsere Ursprünge im Geist erinnert, er ist ein Platz, an dem wir materielle Gegenstände auslegen, die für Erfahrungen in der geistigen Welt stehen. Der unglaublichste Altar, den ich je gesehen habe, war die *Mesa* von Don Eduardo Calderon. Ich sah sie 1986 auf meiner Initiationsreise in Peru. Er begann mit der Errichtung, indem er sorgfältig einen alten, schmutzigen Lumpen auflegte! Später wurde mir erzählt, daß dies ein wertvolles zeremonielles Tuch war, das über Hunderte von Jahren von Schamane zu Schamane weitergegeben wurde. Er brauchte über eine Stunde, um seine Mesa aufzustellen, die eine Fülle von merkwürdigen Gegenständen enthielt. Die Mesa besteht aus drei Feldern, links ist das *campo ganadero*, das Feld des Dunklen, rechts ist das *campo justiciero* oder das Feld des Lichts. In der Mitte befindet sich das *campo medio*, das Feld des Gleichgewichts. Don Eduardo sagte, es sei wichtig, Hell und Dunkel nicht als positiv oder negativ anzusehen, denn das genau ist es, was wir Menschen mit diesen Kräften tun, und wir machen sie dabei zu gut oder böse.

Vor dem Altar stellte er 13 Gegenstände auf, wie z. B. das Schwert des heiligen Michael, um spirituelle Hindernisse zu durchschneiden, oder den Stab des Jagdhundes, der dazu verhilft, verlorengegangene Menschen oder Sachen wiederzufinden, oder den Stab des Adlers, um Visionen zu erlangen und um Krankheiten zu diagnostizieren. Im Mittelpunkt befand sich der Schlangenstab, der die Felder des Lichts und der Dunkelheit ausgleicht und das Zusammenkommen der irdischen mit den kosmischen Energien repräsentiert. Auf dem *campo ganadero* lag der Stab der Jungfrau, der Heilkräuter und Pflanzen symbolisiert, und der Stab der Eule, der an die alten Begräbnisstätten und die Mächte der Nacht erinnert. Ganz links war der Stab des Luzifer, der für alle Aspekte des Bösen steht.

Wenn Sie Ihren eigenen Altar aufbauen wollen, dann fangen Sie am besten mit Dingen an, die Sie an bedeutsame, kraftvolle Zeiten erinnern, in denen Sie weit über sich selbst hinausgewachsen sind. Wenn Sie den Altar betrachten, sollten Sie dadurch in einen tieferen Bewußtseinszustand kommen und die Verbindung mit dem Ursprung, Ihrem eigenen Ursprung, spüren.

Räucherwerk

Räucherwerk wird auf der ganzen Welt von traditionellen Kulturen, Kirchen oder anderen religiösen Gruppen verwendet, um einen Ort, eine Person oder einen Gegenstand zu reinigen. Das Räucherwerk und das Ritual können verschieden sein, aber das Ziel ist immer das gleiche: die Menschen und den Platz für eine heilige Zeremonie vorzubereiten. Die nordamerikanischen Indianer verwenden eine traditionelle Mischung von Salbei und Zeder, um zu räuchern, um alle und alles zu reinigen, was an der Zeremonie teilhat, indem sie den süß duftenden Rauch herumwedeln. Die schamanische Erklärung dafür lautet: Salbei bannt negative Energien, Geister und Gedankenformen. Zeder gleicht die Energien aus, und Süßgras, Lavendel oder Kiefer, oder was sonst noch beigemischt wird, segnet alle Anwesenden. Die wissenschaftliche Erklärung dafür ist, daß beim Verbrennen von Kräutern die positiven Ionen vertrieben werden. Positive Ionen haben negative Auswirkungen, sie entstehen durch elektrischen Strom um Bahntrassen und Hochspannungsleitungen, durch Luftverschmutzung usw. Das Räuchern vermehrt die negativen Ionen, die positiv wirken und lebensfördernd sind und z.B. in der Nähe von fließendem Wasser entstehen.

Zu Beginn eines Workshops oder einer heiligen Zusammenkunft pflege ich den Ort mit Räucherwerk und einem Federfächer auszuräuchern und zwar bevor die Leute hereinkommen. Anschließend reiche ich das Räucherwerk und den Fächer weiter, damit sich jeder einzelne selbst damit reinigen kann. Legen Sie dazu einige Kräuter in eine Tonschale oder in eine Muschel – Abalonemuscheln sind wunderbar dafür geeignet! –, oder verwenden Sie einen fertigen Räucherstab. Vergewissern Sie sich, daß das Räucherwerk gut glimmt, und wedeln Sie den Rauch mit einem Federfächer umher, baden Sie die Leute in Rauch mit der klaren Absicht, sie zu reinigen, zu läutern und zu segnen. So bekommt jeder die Botschaft, daß er geehrt und geschätzt wird, ohne irgend etwas beweisen zu müssen. Ich singe und trommele auch mit der Gruppe, bevor ich mit der eigentlichen Arbeit beginne, denn so kommen die Leute in eine leichte Trance, in der sie die feinstofflichen Reiche eher wahrnehmen und den Alltag, aus dem sie gerade gekommen sind, leichter hinter sich lassen können. Die Eingeborenen würden sagen, daß diese Vorbereitung schlechte Geister und negative Gedanken bannt. Sie hilft auch mir selbst und versetzt mich in eine leichte Trance. Man kann natürlich nicht in Trance kommen, ohne aus der Trance herauszugehen, in der man sich gerade befindet.

Auch der normale Wachzustand gleicht einem Trancezustand und ist nur einer von vielen begrenzten Bewußtseinszuständen. In der Kultur, in der wir aufgewachsen sind und leben, ist er der am meisten verbreitete. Das hat damit zu tun, wie wir »Realität« definieren und damit, wie wir gewohnt sind, diese allgemeine Übereinkunft zu beschreiben und zu teilen. Sie ist aber nicht die einzige Wirklichkeit!

Der Redestab

Wenn wir uns im Kreis treffen, ist der Redestab oder -stein (oder ein anderer passender Gegenstand) eine gute Methode, um etwas aus ganzem Herzen zu teilen. Der Stab wird im Kreis herumgereicht, und jedes Mitglied kann der Reihe nach gehört werden. Das ermöglicht jedem einzelnen, jedem anderen zuzuhören. Wer den Redestab in der Hand hat, ist – westlich ausgedrückt – eine gewisse Zeit lang der Sprecher der Versammlung. Er hat die Macht, solange er den Stab in Händen hält. Dann wird der Stab weitergereicht, so daß jeder gehört und von den anderen angenommen und gewürdigt wird. Das bedeutet, auch die Schüchternen und Stillen bekommen die gleiche Gelegenheit. Eine der wichtigsten Lehren des Redestabs ist, sich nicht zurechtzulegen, was man sagen will, sondern sich in diesem Augenblick ganz und gar selbst zu vertrauen. Viele Male habe ich schon beobachtet, wie ein gewisses Herzklopfen oder Lampenfieber im Kreise herumging, und zwar gewöhnlich vier oder fünf Plätze vor dem Stab! Man kann, nachdem man gesprochen hat, den

Stab auch in der Mitte des Kreises ablegen, und wer will, kann ihn als nächster nehmen. Ein Feuer, ein Altar oder ein Tablett mit Kerzen kennzeichnet die Mitte und erinnert uns daran, daß es die Mitte ist, was wir alle suchen.

Gebet und Meditation

Gebet und Meditation sind zwei Seiten der gleichen Medaille. Das Gebet ist die Kommunikation von einem Menschen, der in der manifestierten Welt lebt, zur geistigen Welt hin. Meditation ist ein Weg, um die Türe zu öffnen, damit die Kommunikation von der anderen Seite her stattfinden kann. Von beiden gibt es zahlreiche Spielarten. Gebet und Meditation können alles mögliche einschließen: Singen, Tanzen, Trommeln, Essen, Gehen, Summen – alles, was mit Respekt, Aufmerksamkeit und mit bewußter Absicht getan wird. In einer Hinsicht beten wir immer; sogar dann, wenn wir in negativen Zuständen sind und andere beschuldigen oder selber jammern, »beten« wir immer noch. Das Problem dabei ist, daß auch das unbewußte Gebet erhört wird und Ergebnisse zeigt! Wie oft sagen wir: »Oh, das ist typisch für mich, ich fange es immer falsch an« oder: »Wenn irgend etwas schiefgeht, dann kannst du sicher sein, daß es mir passiert.« All das sind Gebete, die sich selbst erfüllen, auch wenn sie ganz unbewußt gesprochen werden. Passen Sie auf, was Sie sagen, denn das Universum hört Ihnen zu!

Trommel und Rassel

Die Trommel ist der wichtigste Teil der schamanischen Ausrüstung. Der monotone Trommelschlag wird von sehr vielen Stämmen in ganz Amerika zum »Reisen« verwendet, ebenso in Sibirien und an vielen Orten in Europa, auch in Afrika mit seinen erstaunlichen Rhythmen, Tönen und Tänzen, mit denen man die Psyche heilt. Ich denke auch besonders an die Trommeltradition in Japan, die durch Gruppen wie die Kodo-Trommler wiederbelebt wurde. Manche halten die Trommel für das wichtigste vom Menschen geschaffene Werkzeug zur Bewegung des Bewußtseins und zur Heilung. Die Trommel versorgt uns mit tiefen Schwingungen, die Rassel und zahlreiche andere Varianten von Schüttelinstrumenten hingegen versorgen uns mit den hohen Schwingungen. Unser Bewußtsein reagiert nämlich spontan auf Rhythmus und Klang und wird davon tief beeinflußt. (Mehr darüber in Kapitel 5 und 6).

Anrufungen

Am Beginn der Zeremonie, nach dem Reinigen mit Räucherwerk, werden die archetypischen Kräfte der vier Himmelsrichtungen angerufen. Das wird nicht nur bei den amerikanischen Indianern gemacht, noch ist es nur auf eine einzige Kultur beschränkt. In den Vorstellungen der Alten ist das Konzept der vier Himmelsrichtungen universal. Die Kräfte mögen in verschiedenen Kulturen anderen Richtungen zugeordnet werden, aber das spielt keine Rolle, denn es handelt sich hier um Beziehungsgrößen und nicht um absolut feste Begriffe. Wir rufen die großen Kräfte des Universums an, Zeuge unserer Bemühungen zu sein und uns dazu zu verhelfen, unser Ego in Schach zu halten und in den Raum der Einheit des Selbst mit Allem-was-ist einzutreten. Die Anrufungen sind eine Methode, um das Bewußtsein auf die höheren Impulse des Seins und auf die gemeinsame Absicht während dieser heiligen Zeit, die man zusammen verbringt, einzustimmen.

Ein einfacher Weg, um die Kräfte der vier Himmelsrichtungen anzurufen, besteht darin, mit dem Osten anzufangen und den Geist der aufgehenden Sonne um einen Neubeginn und um tiefere Visionen für die Teilnehmer zu bitten. Rufen Sie dann den Süden an, und bitten Sie um die Wärme des

Mittags, die die Herzen aller Anwesenden wärmt, und darum, Vertrauen und Unschuld zu bringen. Dann rufen Sie den Westen an und bitten um die Kraft, nach innen zu sehen und mit der Wahrheit, die dort wohnt, in Kontakt zu kommen. Dann rufen Sie den Norden an und laden die Stille der Nacht und Weisheit und Wissen ein. Rufen Sie dann die Kräfte der oberen und der unteren Welt an und schließlich den Schöpfer/die Schöpferin.

Wenn jemand eine Zeremonie wie die Visionssuche durchführt, in der es darum geht, aus dem Bewußtsein der Erde (dem dichtesten) heraus in das Bewußtsein der Luft (das am wenigsten dichte) zu gelangen, dann kann es angebracht sein, mit dem Westen anzufangen und das Rad zu umkreisen, indem man zum Wasser (das nächstweniger dichte) in den Süden geht, danach zum Feuer in den Osten und zuletzt zur Luft in den Norden. Dieses Vorgehen bildet die Bewegung von der Festigkeit der Erde bis zum möglichen Fliegen im Wind nach.

Eine weitere Möglichkeit ist der Beginn im Süden: Rufen Sie zuerst das Wasserelement herbei, die Ozeane, Flüsse und Wolken, das Reich der Pflanzen, der Bäume, Gräser und Blumen, die heilenden Kräfte des Vertrauens und der Unschuld, um die Vergangenheit und die Wunden des inneren Kindes zu heilen und Ihnen dazu zu verhelfen, die Mauer der Angst zu durchbrechen.

Wenn Sie dann den Westen anrufen, rufen Sie auch die Mutter Erde herbei, das Reich der Steine, die Qualität der Innenschau und des Nach-innen-Gehens, um Ihnen dazu zu verhelfen, Trägheit und Erstarrung zu überwinden. Bitten Sie auch um körperliche Heilung, wenn Sie sie brauchen.

Wenn Sie darauf den Norden anrufen, rufen Sie das Luftelement herbei, die vier Winde, die Tierkräfte und vor allem Ihr eigenes Krafttier (siehe Kap. 5). Sie rufen die Kraft der Weisheit und des Wissens an, die Ihnen dazu verhelfen, die

Wahrheit von der Einbildung zu unterscheiden und den Geist offen und ohne Vorurteile zu halten.

Wenn Sie zuletzt den Osten anrufen, rufen Sie das Element Feuer herbei, die Welt Ihrer menschlichen Schwestern und Brüder, die Gegenwart Ihres magischen Kindes und die Kraft der Vorstellung. Bitten Sie um Inspiration.

Wenn Sie alle vier Himmelsrichtungen angerufen haben, dann rufen Sie Alles-was-oben-ist und Alles-was-unten-ist an. Zuletzt rufen Sie noch Alles-was-ist an, den Schöpfer, *Wakantanka* oder Gott – den Namen, der Ihnen am meisten bedeutet. Vergessen Sie nicht, am Ende der Zeremonie immer den Kräften dafür zu danken, daß sie bei Ihnen waren, und geben Sie ein kleines Dankgeschenk.

Es gibt unzählige Methoden, um die Kräfte zu rufen. Warten Sie, bis Sie selbst eine klare Vorstellung von dem haben, was Sie zu sich rufen wollen. Es gibt einen Weg der Anrufung, der auf keinen Fall wirkt: wenn jemand wie ein Papagei irgendwelche Formeln nachplappert, die er aus einem Buch gelernt hat, denn dabei gehen das Herz, die Spontaneität und alles Wertvolle verloren. Eine echte Anrufung, von einem Anfänger gestottert, jedoch mit Herz und Humor, ist unendlich viel wertvoller als jede »perfekt« gelernte Anrufung, die von einem Möchtegern-»Experten« vorgenommen wird. Das gleiche gilt für alles Spirituelle: Es muß von Herzen kommen, oder es ist wertlos!

Der Mystiker Meister Eckehart sagt es mit kompromißloser Klarheit: »Alle Handlungen, die nicht aus dem innersten Wesen herausfließen, sind tot.«

Fasten und Feste

Das Fasten ist eine der wichtigsten traditionellen Methoden, um sich selbst in einen heiligen Raum und in eine heilige Zeit zu versetzen. Wenn man sich bewußt dazu entschließt, nichts zu essen und seine Wünsche, Sehnsüchte und irdischen Bedürfnisse zu beherrschen, dann geht eine Tür auf, die uns mit dem Geist verbindet. Fasten ist Teil der Visionssuche, des Sonnentanzes und anderer zahlreicher Rituale auf der ganzen Welt. Wenn wir den Körper ruhigstellen, nähern wir uns dem Geist. Wenn die Zeit des Fastens vorbei ist, wird mit Festen und Danksagungen gefeiert. Alle Dinge müssen so ausgeglichen werden, daß Harmonie und Frieden entstehen.

Opfer- und Weihegaben

Als ich in Marokko war und von den Gnawas lernte, nahm ich an ihrer nächtlichen Zeremonie, die *Derdeba* genannt wird, teil. Die Gnawas stammen von Westafrikanern ab, die vor mehr als zweihundert Jahren als Sklaven in den Norden Afrikas kamen. Sie vermischten ihre afrikanischen Formen mit denen der Sufis, die aus dem Nahen Osten kamen. So entstanden ein wundervoller, schamanisch gefärbter Kult und eine erstaunliche, tranceinduzierende Musik. Die Gnawas verwenden ein Saiteninstrument, *Gumbri* genannt, und derbe Kastagnetten aus Metall, mit denen sie die außergewöhnlichsten, bewußtseinserweiternden Rhythmen erzeugen. Mit diesen Rhythmen unterlegen sie ihre herrlichen Lieder. Die Derdeba ist ihre wichtigste Zeremonie, und sie beginnt mit der Opferung eines Schafes und dreier Hühner.

Wir im Westen haben eine recht merkwürdige Einstellung zum Tieropfer. Wahrscheinlich kommt das daher, daß wir unser Fleisch schon fertig kaufen; blutlos und in Plastik verpackt, liegt es beim Metzger oder im Supermarkt aus. Wir haben uns von dem Gedanken entfernt, daß dafür ein Tier sterben muß, und essen das Fleisch, ohne darüber nachzudenken. Viele Fleischesser erschrecken bei der Vorstellung, ein Tier zu opfern; genau das geschieht aber mit jedem Tier, dessen Fleisch im Kochtopf endet! Leider passiert das bei uns fast immer im Schlachthof, ohne das Tier zu ehren, ohne Opferritual, um das Tier zu weihen. Auf der Derdeba konnte ich beobachten, wie zuerst das Schaf und dann die drei Hühner geschlachtet wurden. All das geschah mit Ehrfurcht, mit Gebeten für ihre Seelen und mit Dank für ihr Opfer. Obwohl sich mein Magen in der Tat fast umdrehte, habe ich das Fleisch, das sie mir gegeben haben, freudig und mit Dankbarkeit gegessen.

Das lateinische Wort für Opfer heißt *sacrificium* und bedeutet »heilig machen« oder »weihen«. Etwas wird gegeben, damit etwas empfangen werden kann. Das Leben des Tiers wird hingegeben, damit die Menschen etwas zu essen haben. Wenn wir etwas haben wollen, müssen wir auch bereit sein, etwas hinzugeben. Vegetarier denkt daran, auch wenn ihr keine Tiere umbringt, tötet ihr doch Gemüse und Obst, was dasselbe ist! Wenn ihr es nicht tätet, würdet ihr sterben. Etwas stirbt, damit etwas anderes leben kann, und auch wir werden sterben und unseren Körper herschenken, damit die Würmer ihn auffressen können und damit er nach einiger Zeit vielleicht zu Gras wird. Dann – wer weiß – frißt vielleicht eine Kuh das Gras, und das, was einst mein »Ich« war, wird Teil einer Kuh! Die Kuh wird zu Steak, und der Kreis schließt sich wieder. Das ist das Gesetz von Mutter Erde. Sie gibt nichts für immer, sie leiht es nur her. Unser Körper ist aus Erde gemacht und wird am Ende unserer Lebenszeit wieder an die Erde zurückgegeben. Nichts geht verloren, es wird nur von einer Erscheinungsform zur anderen umgewandelt.

Die Feuerzeremonie

Dies ist eine Zeremonie des Opferns und Loslassens, es geht dabei um die Kraft der Wandlung, die vom Feuer ausgeht. Sehen Sie in Ihr Inneres hinein, und entscheiden Sie, was Sie loslassen wollen, einschließlich der Aspekte, die Sie auf Ihrer

Entwicklungsreise aufhalten, wie z. B. alle Abhängigkeiten oder Süchte, die Sie haben, usw. Denken Sie dann an all Ihre Talente, Fähigkeiten und Begabungen, und machen Sie eine Aufstellung davon. Wenn Ihr Gefühl es als richtig empfindet, bieten Sie diese dem Großen Geist in der Zeremonie an. Die Mythen sagen, wenn man bedingungslos all das weggibt, was behindert, z. B. eine Liebe, die an Bedingungen geknüpft ist, wie es die normale Liebe meist ist, und wenn man dieses Opfer mit reinem Herzen dem Feuer anvertraut, dann werden diese Geschenke durch den Willen des Geistes zehnfach zu Ihnen zurückkehren. Aber Sie müssen dabei vollkommen vorbehaltlos handeln – keine Bedingungen, keine Erwartungen welcher Art auch immer!

Nun brauchen Sie ein Feuer. Obwohl ein richtiges Feuer einen innigeren Kontakt mit Mutter Natur gibt, kann es auch eine einfache Kerze sein. Bereiten Sie alles vor. Reinigen Sie sich selbst mit Rauch, das gilt auch für die anderen, falls Sie in einer Gruppe sind. Rufen Sie dann die Kräfte an, besonders die Feuergeister, und bitten Sie sie darum, jetzt für Sie tätig zu werden. Singen Sie ein Lied oder zwei, trommeln und rasseln Sie eine Weile, damit eine harmonische Stimmung entsteht und Sie das Gefühl bekommen, in einen heiligen Raum und in eine heilige Zeit einzutreten.

Bereiten Sie als nächstes das Feuer vor, opfern Sie dazu ein wohlriechendes Öl oder Tabak oder irgend etwas anderes, das Sie gerne herschenken wollen. Auch Schokolade gilt in der mexikanischen Tradition als gutes Opfer. Bitten Sie das Feuer, Ihre Geschenke anzunehmen und diejenige Energie, die starr oder negativ geworden ist, umzuwandeln. Wenn Sie Ihre Gaben darbringen, stellen Sie sich an die Westseite des Feuers. Die Zeremonie dient dazu, eine Botschaft aus dem Reich der Manifestationen im Westen zum Reich des Geistes im Osten zu senden. Machen Sie eine sehr klare und spezifische Aussage zu Ihrer Absicht. Opfern Sie dem Feuer, beten Sie gleichzeitig, und schauen Sie zu, wie Ihr Geschenk hell auflodert. Streichen Sie mit den Händen durch das Feuer, und berühren Sie damit Ihr drittes Auge, gehen Sie wieder mit den Händen durchs Feuer, und berühren Sie Ihr Herz, wiederholen Sie diesen Vorgang, und berühren Sie Ihren Bauch – Ihr zweites Chakra oder Hara. Das bringt die göttliche Flamme in Ihren Geist, in Ihr Herz und Ihr Körperbewußtsein. Vergessen Sie nicht, sich am Ende der Zeremonie bei der geistigen Welt zu bedanken.

Auf meiner Reise durch Peru mit Don Eduardo sagte er, daß diese Zeremonie bei jedem Vollmond durchgeführt werden könne, und er schlug uns vor, wir sollten versprechen, das 13 Monate lang zu tun. Ich habe es getan – und seitdem habe ich fast jeden Vollmond mit dieser Zeremonie gefeiert. Das ist jetzt zehn Jahre her. Ich vermute, das war auch die Absicht dabei – ein typisch schamanischer Trick!

Die Schwitzhütte

Die Schwitzhütte ist vermutlich der älteste Weg der Reinigung, den die Menschen auf diesem Planeten kennen. Durch die Zeremonie der Schwitzhütte wird man körperlich gereinigt und gesäubert, zugleich aber auch emotional, mental und spirituell geläutert. Unsere Sauna ist ein Abkömmling der Schwitzhütte der alten skandinavischen Bevölkerung. Die Schwitzhütte, die am allerbekanntesten ist, ist die der Indianer, aber es ist wahrscheinlich, daß diese Art Schwitzhütte auch in den meisten Teilen der alten Welt bekannt war. Die Hütte wird aus jungen Bäumen, die in Form einer Halbkugel oder einer umgedrehten Tasse gebogen und zusammengezogen werden, errichtet. Das Gebilde wird dann mit alten Decken, mit Planen und allem möglichen abgedeckt, Hauptsache es ist drinnen dunkel und einigermaßen gut isoliert. Für die Indianer, die Bewohner der »Schildkröteninsel« (das ist der alte Name Amerikas), symbolisiert die Hütte den Panzer der Schildkröte, wobei die Hütte der Körper und der draußen errichtete Altar der Kopf ist.

In einer Entfernung von drei bis fünf Metern wird außerhalb der Hütte auf eine besondere Art und Weise eine Feuerstelle errichtet, meistens im Osten. Als Grundlage dient eine Schicht aus Stämmen, die einen Durchmesser von etwa 15 – 20 cm haben, dann folgt Anzündholz und kleinere Stücke trockenen Holzes, die oben draufgelegt werden und eine flache Schicht bilden. Steine, die vulkanischen Ursprungs sein müssen, um die Hitze auszuhalten, werden in Form eines Kegels obenaufgelegt. Eine gute Art und Weise, dies zu tun, besteht darin, daß jeder, der an der Schwitzhütte teilnimmt, seinen Stein feierlich mit einem Gebet darauflegt. Um den Kegel herum wird so viel Holz aufgeschichtet, bis die Steine bedeckt sind und ein Kamin gebildet ist, der das Feuer vom Boden hochtreibt. Nach eineinhalb bis zwei Stunden sind die Steine heiß, und in derselben Zeit hat das Feuer auch den Kegel aus Steinen freigegeben, und die Steine können herausgenommen werden. In der Mitte der Hütte wird eine Mulde gegraben, in die die heißen Steine gelegt werden. Außerhalb wird im Osten mit der ausgehobenen Erde ein Altar errichtet und ein Geisterweg aus Mais oder anderem Mehl ausgestreut, der das Feuer mit dem Altar und der Mulde in der Hütte verbindet.

In einigen Traditionen betritt der Leiter der Zeremonie die Hütte, um sie mit Salbei- und Zedernrauch zu erwecken und zu segnen. Manchmal geschieht dies auch mit der heiligen Pfeife, mit der er betet und die höheren Kräfte anruft. In anderen Traditionen hat eine Frau diese Aufgabe, weil die Schwitzhütte der Schoß der Großen Mutter ist. Die Teilnehmer bereiten sich vor und stellen sich in einer Reihe auf, damit sie mit Rauch gereinigt werden können, bevor sie die Hütte betreten. Der Eingang ist immer ganz niedrig, so daß man auf allen vieren hineinkriechen muß, und man schickt beim Eintreten ein Gebet zum Himmel, wie es die Überlieferung vorschreibt: »Für alle meine Verwandten« oder in der Sprache der Indianer: *»Omitaquaye oyasin.«* Damit soll zum Ausdruck gebracht werden, daß ich nicht nur für mich selbst schwitze, sondern auch für alle anderen, mit denen ich verbunden bin – für die ganze Schöpfung. Indem ich mich selbst reinige, wende ich alles zum Besseren. Die Schwitzhütte symbolisiert das Eintreten in den Schoß von Mutter Erde und in die Dunkelheit, um einen kleinen Tod zu sterben und dann am Ende befreit von der Vergangenheit und wie neugeboren wieder herauszukommen.

Die Teilnehmer sitzen im Dunkeln dicht aneinander gedrängt auf engem Raum um das Loch in der Mitte herum. Die Steine werden hereingebracht und mit Salbei gesegnet. Die ersten sieben Steine symbolisieren die vier Himmelsrichtungen dieser manifesten Welt, das Oben, das Unten und den Schöpfer, Wakantanka, Alles-was-ist. Wenn genügend Steine hereingebracht worden sind, um die richtige Temperatur zu erreichen, wird der Eingang verschlossen, und alle sind bereit. Der Leiter der Schwitzhütte ruft die Kräfte an und opfert am Ende eines jeden Gebetes den Steinen Wasser. Es gibt viele überlieferte Gebete, die in einer Schwitzhütte gesprochen werden können. Man beginnt mit einer ersten Runde von Gebeten für sich selbst. Es ist äußerst wichtig, mit sich selbst anzufangen, denn wenn man nicht zuerst selbst geheilt und in Harmonie ist, wird alles, was man für andere erbittet durch die eigenen Bedürfnisse und Disharmonien gefärbt. Die Teilnehmer beten dann einer nach dem andern in der Reihenfolge, die dem Lauf der Sonne entspricht. Der Leiter gibt am Ende jeden Gebetes Wasser als Opfer auf die Steine, damit sie als Dampf zur geistigen Welt getragen werden. Wenn die Gebete abgeschlossen sind, werden einige Lieder gesungen, dann endet die erste Runde, der Eingang wird geöffnet, und Trinkwasser wird herumgereicht. Es werden mehr rotglühende Steine hereingebracht, und die zweite Runde beginnt. Sie erfolgt nach demselben Muster, nur gelten diesmal die Gebete anderen Menschen und Angelegenheiten, nicht mehr sich selbst.

Die dritte Runde besteht aus Gebeten des Loslassens. Man kann jetzt darum beten, die störenden Aspekte seiner selbst gehenzulassen und Süchte, die man beenden will, aufzugeben, weil man sich bereit zur Veränderung fühlt. Vielleicht will man auch etwas von seinen Geschenken und Talenten opfern, um dem Großen Geist zu dienen. Die vierte Runde hat keine festgelegte Form, sie ist eine Zeit des Zuhörens. Das kann in Form einer stillen Meditation geschehen oder als Reise ins Land der Krafttiere oder als Zeit des Singens und der gemeinsamen Lieder. Am Ende dankt der Leiter allen Kräften und schüttet häufig eine ziemlich große Menge Wasser über die Steine, bis es in der Hütte kaum noch auszuhalten ist, dann wird endlich der Eingang geöffnet. Alle kommen heraus, ziemlich rot und wie kleine Kinder aussehend, tauchen ins Wasser, falls ein Fluß in der Nähe ist, oder legen sich einfach auf den Boden.

Ed McGaa Eaglemann faßt das Ganze so zusammen:

> Die Schwitzhütte ist eine Zeremonie, die ziemlich einfach zu beschreiben ist. Es ist jedoch keinem normalen menschlichen Berichterstatter möglich, die Kulmination an geistigen, mystischen und psychischen Erfahrungen der Schwitzhütte wiederzugeben. Man muß sie selbst erlebt haben, um ihre Tiefe und Fülle zu erfahren.

Ich wurde unzählige Male von Menschen, die noch nie in einer Schwitzhütte gewesen sind, gefragt: »Was ist denn der Unterschied zwischen einer Sauna, einem Türkischen Bad und einer Schwitzhütte?« Meine Antwort ist, daß es außer der Hitze und dem Schwitzen keine Gemeinsamkeiten gibt! Ich teile diese Ansicht mit vielen, die zum ersten Mal die Zeremonie einer Schwitzhütte erlebt haben.

Im Jahre 1987 hatte ich eine ungewöhnliche Erfahrung während einer Schwitzhütte im Grimstone-Manor-Zentrum in der Grafschaft Devon in England. Es geschah während eines Workshops von Harley Swiftdeer, der aber die Schwitzhütte nicht selbst leitete. Diese Schwitzhütte diente eher der Heilung als nur dem gemeinschaftlichen Schwitzen, wie ich es schon beschrieben habe, sie bestand aus sieben Runden und nicht aus den üblichen vier, und der Eingang wurde nur ein einziges Mal geöffnet. Ich war vermutlich einer von denen, die mehr Erfahrung hatten, und so wurde ich gebeten, mich ganz nah an die Feuermulde, die diesmal in der Nordostecke lag, zu setzen. Bill, ein anderer erfahrener Teilnehmer, wurde hinter mich gesetzt. Als etwa zwei Drittel dieser sehr heißen Schwitzhütte vorbei waren, wurde ich plötzlich von hinten getreten, und Bill schoß an mir vorbei auf die Tür zu. Er hatte einen Moment lang die Besinnung verloren, war auf die heißen Steine gestürzt und hatte dabei sein Bein verbrannt. Man half ihm nach draußen, aber unerschütterlich, wie er eben ist, kam er kurz darauf wieder mit einem dicken Verband zurück, um die Zeremonie bis zum Ende mitzuerleben. Als wir uns dem Ende näherten, kam ein Augenblick, in dem ich es nicht länger aushalten konnte. Ich war plötzlich voller Todesangst und verlor vollkommen die Kontrolle über mich selbst. Ich stürzte am Leiter der Hütte und am Wassereimer vorbei, drängte mich irgendwie durch den Eingang ins Freie und legte mich draußen dankbar und erschöpft hin. Nach einer Weile wunderte ich mich, wieso ich so schnell hinauslaufen konnte – hatte ich das Wasser umgeschüttet, hatte ich in meiner Panik die Wand der Hütte beschädigt, hatte ich den anderen die Zeremonie verdorben? Wie hatte ich nur einen solchen Narren aus mir machen können! Marius, der einer der Feuerbewahrer war, kümmerte sich um mich, als ich auf dem Boden lag, und ich weiß noch, daß Leute aus der Schwitzhütte herauskamen und nach mir sahen. Ich fragte nach, was denn geschehen war, und keiner wollte es mir erzählen – ich hatte ein sehr seltsames Gefühl dabei. Alle mußten gesehen haben, wie ich herausstürzte oder wenigstens durch meine hastige Aktion gestört worden sein. Aber keiner schien irgend etwas zu wissen! Hatten sie sich mit ihrem Schweigen alle gegen mich verschworen? Schließlich bekam ich etwas Sinnvolles aus Liz, einer Teilnehmerin, heraus. Sie sagte, daß ich einer der letzten in der Schwitzhütte gewesen sei, es hätte so ausgesehen, als wäre ich eingeschlafen, und man mußte mir einen Stups geben, um mich zu wecken!

Mir war eiskalt geworden, und ich brauchte recht lange, um meine normale Körpertemperatur wiederzubekommen. Es war September und ziemlich warm, aber ich hüllte mich in Decken und zitterte unwillkürlich über eine Stunde lang in der Küche von Grimstone, während ich etwas Heißes trank, das ich von den lieben Leuten dort bekam. Dann setzte ich mich bis zwei Uhr morgens in einen Jacuzzipool, erst danach war ich wieder einigermaßen bei mir selbst.

Stalking Wolf, der Apachenhäuptling, der Tom Brown lehrte und durch dessen Bücher unsterblich wurde, sagte dazu:

> Du hast die Gegenwart der Alten erfahren, die Ausdehnung des Selbst und den Frieden. Du weißt jetzt, wie eine echte Zeremonie sein sollte, denn du hast die Kraft der Schwitzhütte gespürt, und so werden es auch die anderen spüren, egal welchen Glauben sie haben. Die Schwitzhütte spricht zu allen Menschen in der Sprache ihres eigenen Glaubens, und so wird sie zur universellen Wahrheit. Verwende daher die Schwitzhütte als Werkzeug, als eine Tür zur physischen und spirituellen Erneuerung und Reini-

gung, einen Weg zur Expansion und ein Fahrzeug zu den Welten des Unsichtbaren und Ewigen.

Außersinnliche Fähigkeiten

Einige Schamanen behaupten, wir alle hätten zwölf Sinne und nicht nur fünf. Jeder von uns hat außersinnliche Wahrnehmungen, ohne diese könnten wir in der Welt gar nicht funktionieren. Jeder hat Ahnungen, Gefühle, Intuition, Gewißheit, einen sechsten Sinn. Wenn wir das nicht hätten, würden wir über Dinge fallen, Unfälle haben, uns nicht auf andere einstimmen, eine Gefahr für uns selbst sein. Im Grunde gibt es keine »außersinnliche« Wahrnehmung, sondern es handelt sich dabei um natürliche erweiterte oder höherentwickelte Sinneswahrnehmungen, die all diejenigen erreichen, die sich die Mühe machen, sich selbst zu entwickeln. Jeder kann lernen, ein Auto zu fahren, aber man muß üben, um diese Fähigkeit zu entwickeln. Einige werden darin wahre Experten, andere bleiben etwas ungeschickt, und die Mehrheit wird durchschnittlich – genauso ist das auch mit den sogenannten »außersinnlichen« Wahrnehmungen oder »übernatürlichen« Kräften. In der Welt der Schamanen gibt es auch das Wort »übernatürlich« nicht. Was Wissenschaftler mit dem Wort übernatürlich bezeichnen, paßt nicht in ihre Realität hinein, weil sie nicht sagen können, wie es funktioniert! Diese Kräfte zu entwickeln ist ein natürlicher Bestandteil des schamanischen Weges.

Das Knochenspiel

Das indianische Knochenspiel, das auch Handspiel genannt wird, ist ein gutes Beispiel für ein Kinderspiel, das in Wirklichkeit dazu dient, außersinnliche Fähigkeiten zu entwickeln. Hier schildere ich eine einfache Spielart davon, die mit zwei Teams oder auch nur mit zwei einzelnen Spielern gespielt werden kann.

Sie brauchen dazu zwei kleine Knochen oder Stäbe, von denen einer eine Markierung trägt, sowie eine Anzahl von Spielmarken, sagen wir etwa drei für jedes Team. Bei einem Teamspiel ist es gut, einen Spielleiter zu haben, der alles überblickt und das Spiel kontrolliert.

Die beiden Teams schließen zu Beginn Wetten ab, die nicht die gleichen sein, aber von allen Teilnehmern gebilligt werden müssen. Das allein kann schon ein spannender Teil des Spiels sein. Dann wird entschieden, welches Team zuerst mit dem Verstecken dran ist und welches »sehen« muß. Ein Team ernennt einen »Verstecker«, der einen Knochen in der Hand versteckt, und das andere Team wählt einen »Seher«, dessen Aufgabe es ist, die Hand mit dem gekennzeichneten Knochen herauszufinden. Die anderen Teammitglieder fungieren als Assistenten, die die Energie fokussieren, um dem Seher zu helfen und die Gegenseite soviel wie möglich zu stören.

Die Spieler jedes Teams stellen sich jeweils auf einer Seite einer Linie auf, die keiner übertreten darf, und legen ihre Spielmarken auf den Boden. Wenn das Spiel beginnt, darf kein Wort gesprochen werden, aber es darf jede Art von Lärm gemacht werden. Derjenige, der den Knochen versteckt, zeigt der Gegenseite seine zwei geschlossenen Fäuste, während seine Genossen allen möglichen störenden Unsinn auf ihrer Seite der Linie veranstalten. Der Seher des Gegenteams versucht vorherzusagen, in welcher Hand der markierte Knochen ist, und wird dabei von seinen Mitspielern in jeder Weise unterstützt. Wenn der Seher seine Entscheidung getroffen hat und auf die Hand deutet, zeigt der Verstecker den Knochen. Wenn er recht hat, gewinnt er eine Spielmarke und darf ein zweites Mal der Seher sein. Wenn er verliert, bekommt das andere Team die Gelegenheit zu raten. (Mehr über dieses Spiel im *Weg des Schamanen* von Michael Harner.)

Schutztechniken

Ich habe viele Menschen getroffen, die angeblich an allen möglichen emotionalen Störungen leiden, aber teilweise nur deshalb krank sind, weil sie psychisch zu offen sind, ohne daran zu denken, sich vor der emotionalen Ausstrahlung anderer zu schützen. Sie fangen allen »emotionalen Müll« auf und halten das dann für ihr eigenes Problem. Die Fähigkeit, sich zu verschließen, ist genauso wichtig wie die Fähigkeit, sich zu öffnen, besonders heutzutage, wo viele Menschen sich öffnen wollen.

Vor etwa zehn Jahren leitete ich einen Workshop, der im Verlauf ziemlich abgehoben und ekstatisch wurde. Das war großartig für die Arbeit, die wir gemeinsam taten, denn wir fühlten uns dadurch sehr mit den anderen Welten verbunden. Ich hatte jedoch nicht genug dazu getan, uns am Ende des Workshops wieder in unser normales Alltagsbewußtsein zurückzubringen. Einem Teilnehmer platzten auf der Heimfahrt zwei Reifen auf der Autobahn. Es wurde zwar keiner der Insassen verletzt, aber das Auto fuhr gegen die mittlere Leitplanke und wurde ziemlich verbeult. Eine Teilnehmerin benützte zu Hause ihren Wäschetrockner, der daraufhin prompt Feuer fing, und auch einige andere Leute hatten merkwürdige Erlebnisse. Das war mir eine große Lehre. Je weiter wir über das Alltagsbewußtsein hinausgehen, um so wichtiger ist es, sicher wieder zurückzukommen. Bevor wir wieder nach Hause gehen, müssen wir ins Alltagsbewußtsein zurückgekehrt sein. Eine Methode, die ich von einem tibetischen Lehrer übernommen habe, nenne ich »Das Wasser des Heiligen Geistes«. Diese Zeremonie ist eine großartige Methode, jeden Teilnehmer wieder auf die Erde zurückzubringen, ganz besonders am Ende eines Workshops, in dem man tiefe Erfahrungen gemacht hat, und zwar mit einem Glas Wein oder Bier. Man leitet alle Teilnehmer – mit einigen Spritzern

Coyote-Humor – in einer geführten Meditation zur Quelle des heiligen Wassers. Während alle die Augen geschlossen halten und kosmische Gedanken denken, versteckt man den Wein und die Gläser in der Mitte des Kreises. Im passenden Augenblick »manifestiert« man vor den erstaunten Augen aller das heilige Wasser!

Der beste Schutz vor unerwünschten psychischen Einflüssen besteht darin, fest mit beiden Beinen auf dem Boden zu stehen. Einigen Menschen fällt das schwerer als anderen, und so schildere ich jetzt einige Methoden, die dabei helfen können.

Das Schutzkreuz

Stellen Sie sich vor, daß ein Kreuz durch Ihren Körper geht. Ihre Wirbelsäule bildet die Vertikale, und die ausgestreckten Arme sind der horizontale Balken. Ein dritter Balken geht von vorne nach hinten durch Ihr Herzchakra. Sie befinden sich jetzt im Mittelpunkt eines dreidimensionalen Kreuzes. Lenken Sie nun die Energie in einer kreisförmigen Bewegung den Rücken hinauf und die Vorderseite hinunter, und stellen Sie sich dabei eine starke Energie vor, die sie umfließt. Als nächstes lenken Sie Energie von der linken Hand zum Kopf hinauf und wieder hinunter zur rechten Hand, dann unter Ihre Füße und wieder nach oben usw. Stellen Sie sich vor, wie diese beiden Energiebahnen sich kraftvoll um sie herum bewegen. Fügen Sie dann die Horizontale hinzu, indem Sie die Energie von der linken Hand in Armeslänge nach vorne bringen, dann über die rechte Hand nach hinten und wieder nach vorne usw. Jetzt pulsiert die Energie in drei Kreisen um Sie herum. Lassen Sie nun diese drei Energiefelder in Form eines Energieeis ineinander verschmelzen, und fühlen Sie dabei, wie die Energie immer stärker und stärker wird. Nehmen Sie sie wie einen kraftvollem Schutzschild wahr, der sich um Sie herum bewegt und pulsiert. Stellen Sie sich dann vor, daß Sie zu jemandem gehen, der sie psychisch oder emotional herausfordert oder sogar aussaugt, bilden Sie dann aus der Außenseite des Eis einen Spiegel, so daß jede unerwünschte Energie, jeder Pfeil, jeder negative Gedanke oder dergleichen zum Ausgangspunkt zurückgeschickt wird. Sie selbst können dann immer noch liebevoll und freundlich sein, aber Sie sind ab jetzt gegen dunkle Energie geschützt. Bauen Sie diese Gedankenform so lange auf, bis sie stark genug ist, um Sie zu schützen.

Die Pyramide aus weißem Licht

Ziehen Sie von einem imaginären Punkt etwa 30 cm oberhalb Ihres Kopfes der Reihe nach alle vier Seitenlinien einer Pyramide bis zum Boden hin. Es ist am besten, wenn Sie das anfangs tatsächlich mit den Händen machen. Füllen Sie dann die Pyramide mit weißem Licht. Sehen Sie sich von weißem Licht umgeben und geschützt.

Die Spirale

Die folgende Übung, die von meiner Freundin Fiona Fredenburgh stammt, ist sehr hilfreich und schnell anzuwenden. Von einem Punkt unterhalb der Füße ziehen Sie die Energie durch die Chakren hindurch nach oben bis über den Kopf hinauf. Lassen Sie sie spiralförmig um sich herumwirbeln und dabei wieder zum Ausgangspunkt zurückkehren. Sie können diese Spirale mit Licht oder Farbe füllen; probieren Sie aus, was für Sie am besten ist. Wenn Sie jemanden treffen, von dem Sie wissen, daß er Sie aussaugt, lassen Sie die Energie schnell rauf- und runterlaufen. Eine andere Freundin von mir, Trisha Wood, hat eine hervorragende, wenn auch etwas grobe Methode, die Menschen in zwei Gruppen zu unterteilen. Die Lebendigen, in deren Gesellschaft man sich gut und frisch fühlt, nennt sie die »Rosaroten«, diejenigen, in deren Gegenwart man sich müde und ausgelaugt fühlt, nennt sie die »Staubsauger«.

Vor einigen Jahren hatte ich ein Erlebnis, das mir klarmachte, wie wichtig es ist, sich auf diese Weise zu schützen. Ich nahm an einer Podiumsdiskussion teil, die sich immer mehr zu einer eifersüchtigen Konkurrenzstreiterei auswuchs. Ich war innerlich ganz offen und erwartete in meiner Naivität ein typisches New-Age-Treffen, aber daraus wurde nichts. Schon als ich zu sprechen anfing, wurde ich unterbrochen, und ich merkte, daß einige Zuhörer einfach aggressiv gestimmt waren. Ich sprach schneller und lauter und wandte mich an die Leute, die mir zuhören wollten, und das war in der Tat die Mehrheit, etwa achtzig Prozent. Als ich wieder nach Hause ging, dachte ich nicht mehr an diese Sache, aber zu meiner Verwunderung hatte ich die folgenden drei Tage eigenartige Magenschmerzen. Ich habe oft genug auf der Bühne gestanden, um zu wissen, wie sich Lampenfieber auf meinen Körper auswirkt, aber das war es nicht. Ein Zuhörer, der sich damit auskannte, hatte Pfeile auf mich abgeschossen, und ich war dumm genug gewesen, ohne jeden Schutz auf diese Versammlung zu gehen. Nie wieder!

Als ich später mit einem Freund, der diese Gruppe von Zuhörern kannte, darüber sprach, erzählte er mir, daß einige Menschen dort waren, die allerlei Kenntnisse auf esoterischem Gebiet hatten, aber innerlich sehr verletzt, wütend und neidisch waren. Anscheinend hatte ich ihrer Auffassung nach einen Fehler gemacht, denn ich hatte auf eine Frage geantwortet: »Ich weiß es nicht.« Die anderen Redner hatten das noch nie getan und sich, ob sie die Frage nun beantworten konnten oder nicht, irgendwie durchgeschummelt!

Das bringt uns geradewegs zum Thema der leuchtenden Fasern und dazu, wie wir sie kreativ gebrauchen können. Durch meine Fehler habe ich in meinem Leben gelernt (was nur ein Euphemismus für Dummheit ist!), wie Sie aus dem eben geschilderten Vorfall ersehen können. Hier eine andere Geschichte: Ich lebte in San Francisco und besuchte die Antioch-Universität. Ich wohnte etwa eineinhalb Kilometer von der Universität entfernt in einer wunderbaren Wohngemeinschaft von neun Kommilitonen an der Ecke von Pine und Laguna Street; die Universität liegt auch an der Pine Street, aber mitten in der Stadt. Es gab zwei Berge auf dem Weg dahin, die ich überqueren mußte. Meine Freunde rieten mir, die feinstofflichen Fasern aus meinem Solarplexus heraus auf den Gipfel des Berges vor mir zu richten und mir dabei vorzustellen, daß dort eine Winde sei, die mich mühelos nach oben ziehen würde. So weit, so gut, ich wollte nicht widersprechen – schließlich lebte ich in Kalifornien –, aber mein innerer Zyniker war in Topform: »Was für ein altmodischer Unsinn!« Aber trotzdem tat ich es und spielte mit der Vorstellung. Einige Monate später wanderte ich mit einer Freundin, die etwa 15 Jahre jünger als ich war, auf diese steilen Berge hinauf, die man auf den Postern von San Francisco bewundern kann, vom Union Square bis zur Pine Street zum Gipfel des Berges. Plötzlich merkte ich, daß sie nicht mehr neben mir ging. Ich wandte mich um, um sie zu suchen, und sah sie etwa zehn Meter hinter mir, sie schnaufte vor Erschöpfung. »Hey, Leo, was machst du da mit mir?« sagte sie vorwurfsvoll, als ich zu ihr zurückging. Meine Fasern hatten mich mühelos auf den Berg hinaufgezogen, aber sie war erschöpft! Das war meine erste Erfahrung mit den Fasern, und ich lernte daraus, die Macht des Willens und der feinstofflichen Energien zu respektieren.

Übungen für die Aura

Es gibt viele hilfreiche Übungen, um die feinstofflichen Energiefelder kennenzulernen, hier sind ein paar zum Ausprobieren.

Bei der ersten reiben Sie Ihre Handflächen aneinander, halten Sie dann die Handflächen in einem Abstand von etwa 25 cm auseinander, bewegen Sie sie aufeinander zu und voneinander weg, bis Sie die Energie spüren, die zwischen beiden Handflächen hin und her fließt. Versuchen Sie dasselbe auch mit einem Freund. Führen Sie dann die aufgeladenen Hände in einem Abstand von 6–25 cm über den Körper Ihres Freundes, und beobachten Sie, was Sie von seinem Energiefeld wahrnehmen.

Partnerübung – Der starke Arm

Legen Sie Ihre Hand mit ausgestrecktem Arm auf die Schulter Ihres Partners, ballen Sie dann die Hand zur Faust, halten Sie den Arm gerade, und bitten Sie Ihren Partner, mit beiden Händen Ihren Ellbogen zu umfassen und ihn gegen Ihren Widerstand nach unten zu ziehen. Der Druck sollte allmählich gesteigert werden, bis beide ein Gefühl dafür haben, wieviel Kraft nötig ist, um den Arm zu beugen. Stellen Sie sich dann vor, Sie seien eine Pumpe oder ein Feuerwehrschlauch: Sie sind in der Erde verankert und saugen Wasser nach oben und pressen es durch den Arm, aus dem es mit großer Geschwindigkeit zu den Fingerspitzen hinausspritzt, und zwar mit einer solchen Kraft, daß niemand den Arm herunterdrücken kann. Legen Sie dann den Arm wieder auf die Schulter Ihres Partners, diesmal mit ausgestreckten Fingern, konzentrieren Sie sich stark auf die Vorstellung einer Pumpe oder eines Schlauches, und bitten Sie Ihren Partner, Ihren Arm erneut langsam herunterzudrücken, während der Wasserdruck ihn gerade hält. Sie werden viel weniger Muskelkraft brauchen als zuvor, um dem Druck Ihres Partners Widerstand zu leisten.

Gewichtsveränderung und Aufheben der Schwerkraft

Diese Übung ist ziemlich verbreitet, und Sie kennen sie vermutlich oder haben sie selbst schon ausprobiert. Sie brauchen dazu fünf Personen. Eine sitzt auf einem Hocker, die anderen vier versuchen die Person hochzuheben. Zwei stehen hinter der Person und legen ihr eine Hand unter die Achseln, die anderen beiden stehen an der Seite und legen ihr eine Hand unter die Knie. Versuchen Sie dann den auf dem Stuhl Sitzenden hochzuheben, und beobachten Sie, wieviel Kraft Sie dazu brauchen oder ob das überhaupt möglich ist. Dann legen alle Ihre flachen Hände eine über der anderen auf den Kopf des Sitzenden, am besten der Reihe nach zuerst die linke Hand und dann die rechte Hand. Die Handteller, in denen sich ein Energiezentrum befindet, sollten aufeinander liegen. Dann drückt jeder etwas nach unten und visualisiert, daß er die Schwerkraft aus dem Sitzenden herauszieht und daß dieser leichter wird. Halten Sie das eine Minute lang durch, und heben Sie dann alle miteinander den Sitzenden hoch. Er wird tatsächlich fast von alleine nach oben fliegen. Das funktioniert auch dann, wenn die Hände mit Zwischenräumen über dem Kopf wie die Platten eines elektrischen Kondensators angeordnet sind und sich nicht dabei berühren. Ich habe einmal einige Leute gekannt, die in einer kleinen Theatergruppe arbeiteten und mit dieser Methode schwere Stücke hochhoben. Sie legten z. B. gemeinsam die Hände einen Augenblick lang auf einen schweren Tisch mit der festen Absicht, daß er leichter sein solle, dann hoben sie ihn hoch – und tatsächlich war er leichter!

Partnerübung im Schwergewicht

Suchen Sie sich einen Partner, der etwa das gleiche Gewicht wie Sie selbst hat. Der eine umfaßt den anderen an der Taille und versucht ihn hochzuheben, um erst einmal zu testen, wie schwer er ist. Derjenige, der hochgehoben wird, verwurzelt sich nun im Boden und stellt sich dabei vor, daß die Füße in die Erde hineingeschraubt sind oder daß er Wurzeln hat, die bis tief in die Erde hinabreichen. Danach versucht der Partner, ihn ein zweites Mal hochzuheben – wenn er kann! Es gibt viele Geschichten über Meister der Kampfkunst aus dem Fernen Osten, die es in dieser Methode zu einer ganz erstaunlichen Fertigkeit gebracht haben.

Die Fasern schwächen und stärken

Diese Übung wurde mir von Alberto Villoldo 1986 auf meiner ersten Reise nach Peru gezeigt. Testen Sie zuerst die Muskelkraft Ihres Partners, indem Sie ihn bitten, beide Arme horizontal nach vorne auszustrecken, die Hände beieinander. Sagen Sie ihm, er soll jetzt Ihrem Druck Widerstand leisten, und drücken Sie dann seine Hände nach unten, um seine Muskelkraft zu testen. Dann bitten Sie ihn, sich zu entspannen. Sie zerschneiden derweil die feinstofflichen Fasern, die vertikal über seiner Magengegend liegen. Stellen Sie sich dabei vor, daß die schneidende Energie aus Ihren ausgestreckten Fingern herauskommt, während Sie die Hand rasch einige Male über dem Magen und dem Solarplexus Ihres Partners hin und her bewegen. Testen Sie dann seine Muskelkraft genauso wie zuvor. Wenn die Übung richtig gewirkt hat, dann hat er deutlich weniger Kraft als zuvor, wie Sie beide merken können. Fügen Sie dann die Fasern wieder zusammen. Bitten Sie dazu Ihren Partner, sich zu entspannen, und bewegen Sie dabei Ihre Hände vertikal über dem Magen von oben nach unten, und zwar mit der festen Absicht, die Fasern, die Sie vorhin zerschnitten haben, wieder miteinander zu verbinden. Testen Sie wiederum die Muskelkraft, sie sollte jetzt wieder normal sein. Zuletzt kann der getestete Partner eine Schutzübung machen, und Sie können mit dieser Methode die Wirksamkeit der Übung überprüfen.

Sie können das »Schneiden« verstärken, indem Sie gleichzeitig einen scharfen Laut von sich geben. Kungfu- und Karatekämpfer verwenden diese Methoden, bevor sie mit dem eigentlichen Kampf beginnen, um ihren Gegner zu schwächen. Ich habe eine Menge darüber gelernt, wie leicht man durch gewisse Kontakte geschwächt werden kann, und ich weiß, wie hilfreich es ist, Schutzübungen zu machen, *bevor* man sich in eine schwierige Situation begibt. Aber selbstverständlich hatte ich all das vollkommen vergessen, als ich den Vortrag hielt, von dem ich zuvor berichtet habe!

Sich den Berg hochziehen

Ich habe diese Methode schon bei meinem Erlebnis mit den feinstofflichen Fasern in San Francisco beschrieben. Wenn Sie selber einmal einen Berg hinaufsteigen müssen, stellen Sie sich auf seinem Gipfel eine riesige Winde vor und ein Seil, das von Ihrem Solarplexus ausgeht. Bitten Sie die Winde, Sie leicht und mühelos den Berg hinaufzuziehen. Anfangs werden Sie nur einen kleinen Unterschied merken, aber wenn Sie diese Visualisationsübung oft genug ausführen, dann bringen Sie sich langsam in Verbindung mit dieser Energiequelle.

Es geht gut – es geht schlecht

Dies ist eine Übung, die Sie gut alleine oder in einer Gruppe machen können. Gehen Sie ein wenig umher, und machen Sie sich dabei bewußt, wie Sie gehen und mit der Erde verbunden sind. Stellen Sie sich vor, daß Sie am unteren Ende der Wirbelsäule mit dem Mittelpunkt der Erde verbunden sind und daß Ihr Scheitel durch eine Silberschnur mit dem Mittelpunkt der Galaxie verbunden ist. Fühlen Sie das Einssein mit allen Dingen und daß es richtig und gut ist, als geliebter und geschätzter Teil der Schöpfung zu existieren. – Vergessen Sie dann das alles, und versuchen Sie, sich ganz schlecht zu fühlen, abgeschnitten, isoliert, ungeliebt, neurotisch, voller Selbstmitleid usw. Machen Sie sich einen deutlichen Eindruck davon, wie sich das anfühlt, spielen Sie damit, und lernen Sie etwas daraus. – Schütteln Sie nun dieses Gefühl wieder ab, gehen Sie wieder froh und aufrecht umher, und lassen Sie die besten Gefühle in sich wach werden. Verbringen Sie genug Zeit damit, festzustellen, wie es Ihnen am besten geht. Denken Sie daran, daß Sie jeden einzelnen Augenblick die Wahl haben, wie Sie in dieser Welt leben wollen. Sie sind der Träumer Ihrer eigenen Erfahrung der Wirklichkeit.

Ein Medizinschild

Eine großartige Methode um das, was innerlich geschieht, auch außen zu zeigen, besteht darin, einen Schild oder etwas Ähnliches anzufertigen. Medizinschilde sind in Nordamerika Tradition, und sie dienen nicht allein dem Schutz, sondern zeigen vielmehr einen inneren Prozeß. Auf Bildern indianischer Lager kann man oft Schilde sehen, die außerhalb der Tipis stehen und das spirituelle, innere Erleben der Bewohner darstellen.

Wenn Sie einen Medizinschild anfertigen wollen, beachten Sie die Lehren des Medizinrades und die Kräfte der vier Himmelsrichtungen, und meditieren Sie darüber, was jede einzelne Richtung Ihnen sagen will. Eine andere Methode ist, in jede einzelne Richtung zu reisen (siehe Kap. 5) und zu sehen, was sie für Sie bedeutet. Malen oder zeichnen Sie dann die

Bilder auf den Schild. Sie können auch den Zweig einer Weide, Esche oder Hasel nehmen (oder irgendeinen anderen Zweig, der sich leicht biegen läßt), ihn zu einem Kreis formen und die Enden fest zusammenbinden. Schneiden Sie ein rundes Stück Leder oder Stoff passend zurecht, machen Sie rundum Löcher hinein, und legen Sie es über den Kreis aus Holz. Nehmen Sie dann einen Bindfaden oder einen Lederstreifen, und befestigen Sie das Leder oder den Stoff an dem Zweig.

Visionssuche

Die Visionssuche ist ein Teil der indianischen und anderer alter Kulturen. Man betet und fastet bis zu vier Tage und Nächte lang an einem heiligen Ort in den Bergen und bittet dabei um eine Vision, um eine Öffnung zur geistigen Welt, um Verbindung mit dem Schöpfer und der Schöpfung. Man ruft die Schöpfung an und gibt sich selbst ganz hin, um alles, was innerlich festgehalten wird, loszulassen, um seine Wahrheit vor dem Universum offenzulegen ... Ich berichte ein wenig von meiner ersten solchen Erfahrung im 7. Kapitel. Die vermutlich bekannteste Visionssuche wurde von dem großen Schamanen aus Nazareth unternommen, der vierzig Tage und Nächte mit den archetypischen Mächten zu kämpfen hatte.

Stephen Foster und Meredith Little erforschten und propagierten die Visionssuche für Menschen aller Rassen und Lebensformen. Sie schreiben in ihrem Buch *Vision Quest:*

> Es geht um die Wiederbelebung eines alten Rituals des Sterbens, des Durchgangs und der Wiedergeburt für die moderne Zeit. Es ist auch die Geschichte von wenigen, hingebungsvollen Menschen, die den Leuten aus den Städten und Vorstädten helfen, in die Wildnis zu gehen und diesen alten Übergangsritus zu vollziehen.

Heyemeyohsts Storm schreibt in seinem Buch *Sieben Pfeile:*

> Mit der Visionssuche oder der Suche nach Erkenntnis müssen wir unsere Reise beginnen. Wir müssen auf Visionssuche gehen, um uns selbst zu entdecken und festzustellen, wie wir uns erkennen, und um unsere Beziehung zur Welt um uns herum zu finden.

Die traditionelle Visionssuche hat drei verschiedene Stufen. Die erste ist die *Lösung;* hier bereiten Sie sich vor und machen sich alles bewußt, was in Ihnen ist: Sie sehen sich Ihr Leben genau an, die Freude und die Trauer, die Talente und die Abhängigkeiten und wenden sich immer mehr nach innen.

Die zweite Stufe ist die *Schwelle,* auf der Sie die gewohnte Alltagswelt hinter sich lassen und in eine heilige Zeit und einen heiligen Raum eintreten. Ich zitiere wiederum aus dem Buch von Foster und Little:

> Jetzt stehen Sie allein in der heiligen Zeit, und um Sie herum ist nur die Ewigkeit. Die Berge verspotten Ihr Fleisch und Blut. Sie sind schon seit hundert Millionen Jahren hier. Ihr unglaubliches Alter donnert wie eine Symphonie der Ewigkeit in Ihren Ohren, eine Symphonie der Stille. Endlose drei oder vier Tage und Nächte lang können Sie dieser Stille nicht entkommen.

Der letzte Schritt ist die *Wiederverkörperung,* die Rückkehr. Von 1987 an habe ich kurze Visionssuchen in Einzelschritten geleitet, die nur einen Tag dauerten und ein Teil meines Kurses »Elemente des Schamanismus« waren. Ich erinnere mich an einen Teilnehmer, der ziemlich wütend zurückkam und sagte: »Das waren jetzt 23 Stunden und 59 Minuten voll unendlicher Langeweile und Frustration.« (Er hat sich etwas unhöflicher ausgedrückt, als ich es jetzt schreibe.) Am Ende der letzten Stufe, der Wiederverkörperung, hatte er seine Meinung vollkommen geändert und einiges über sich und seine Lebensmuster nur allzuklar erkannt.

Ich erzählte diese Geschichte in diesem Jahr zu Beginn einer Follow-up-Woche für Teilnehmer, die an »Elemente des Schamanismus« teilgenommen hatten und nun eine längere Visionssuche von zwei oder drei Tagen mitmachen wollten. »Das war ich«, sagte eine Stimme. Ich hatte vollkommen vergessen, wer das damals gesagt hatte – aber er war wiedergekommen, um auf eine längere Visionssuche zu gehen, und das spricht Bände über die transformierende Kraft dieser Übung.

Die Wiederverkörperung ist ein wichtiger Teil der Suche. Ich finde, daß es dabei wichtiger ist, den Geschichten anderer zuzuhören, als die eigene zu erzählen. Und wenn man dann seine Geschichte erzählt, wird sie dadurch in jeder Hinsicht klarer, und man lernt dabei; eine fruchtbare, aber nicht immer bequeme Arbeit.

Nach einer Visionssuche können das eigene Leben, Freunde und die eigene Kultur ganz anders aussehen. Man kann zu Veränderungen geführt werden, an die man nie zuvor gedacht hat. Manchmal entsteht eine Art Depression und will Sie mit einem Gefühl von Vergeblichkeit oder einer Schwächung des Willens fesseln. Bleiben Sie stark in dieser Zeit. Sie haben Ihre Zeit der Vision und des Sehens gehabt, jetzt ist es Zeit zu handeln, um die Veränderungen zu manifestieren, die nötig sind. Das ist eine sehr wichtige Zeit, denn die alten Gespenster sind noch nicht ganz besiegt. Immer wenn wir einen kreativen Wandel machen oder tiefere Einsichten bekommen, die uns oder das Universum betreffen, werden die alten Verhaltensmuster uns jagen wie Drachen in der Nacht, die in ihr altes Haus zurückkehren wollen – zu Ihnen! Bleiben Sie stark und entschlossen, lassen Sie die Drachen ihren festen Willen spüren, dann werden sie Ihnen bald zu Füßen liegen und zu Freunden und Verbündeten werden. Eine besiegte Angewohnheit, eine bezwungene Sucht ist ein Freund fürs Leben, eine innere Stärke.

5

Die schamanische Reise und das Zurückholen der Seele

Der Schamane wird oft als ein Mensch beschrieben, der mit einem Fuß in der Alltagswelt und mit dem anderen in der Welt der Geister wandelt. Eine Methode, um von der Alltagswelt in die Welt der Geister zu gelangen, ist die klassische schamanische Reise oder der Seelenflug, der das Herzstück des Schamanismus bildet. Auf dieser Reise erhält man Antworten auf Probleme, Informationen, um seinem Stamm oder seiner Gruppe zu helfen und sie zu leiten, oder auch Hilfe für das eigene Leben. Auf der schamanischen Reise trifft man auf Geister, die als Ahnen, Götter, Göttinnen, verstorbene Schamanen, Engel, Krafttiere oder geistige Lehrer angesehen werden; sie gelten als Wesen von großer Weisheit und Macht, die den Lebenden helfen und sie führen wollen.

Der Schamane ist ein kosmischer Reisender. Mircea Eliade sagt in seinem Buch *Schamanismus und archaische Ekstasetechnik* folgendes:

> Er beherrscht die Ekstasetechniken – seine Seele kann den Körper sicher verlassen und über weite Entfernungen reisen, sie kann in die Unterwelt eingehen und zum Himmel aufsteigen. Aufgrund seiner eigenen Erfahrung mit der Ekstase kennt er die Gegenden außerhalb der gewöhnlichen Welt.

Die Schamanen unterteilen die außernormale Wirklichkeit in drei verschiedene Welten, die untere, die obere und die mittlere Welt, von denen jede ihre eigenen Charakteristika hat. Jeder erlebt zunächst seine eigene Version davon, wenn er aber ein erfahrener Reisender geworden ist, dann stellt er verwundert fest, wie verbunden wir alle auf diesen Ebenen sind. Die schamanische Reise fegt tatsächlich den Mythos von der Isolation des einzelnen hinweg und zeigt, wie stark wir alle ein Teil des Ganzen sind. Ich habe die Erfahrung gemacht, daß die Teilnehmer bei Seminaren erstaunlich leicht lernen, in die untere oder obere Welt eines anderen zu reisen, um dort hilfreiche Informationen zu holen. Mein Freund und Kollege Howard Charing sagt dazu: »Wenn ich für einen anderen Menschen reise, dann reise ich in seine persönliche Welt hinein, seinen ureigenen Raum in diesen anderen Welten, und dabei ist jeder Aspekt der Reise von Bedeutung.«

Die *untere Welt* ist der Ort des instinktiven Wissens, wo unsere tiergleichen Kräfte wohnen und wo wir praktische und weltliche Hilfe und Führung finden. Die untere Welt ist die Welt der Märchen und Sagen. Dort können scheinbar schreckliche, brutale Dinge geschehen, aber niemandem geschieht wirklich etwas dabei, und die »Toten« stehen wieder auf, wenn ihnen danach zumute ist. Hier ist das Land von Alice im Wunderland, und viele Cartoons erzählen von dieser Welt – und wir wissen, wie sehr Kinder diese »brutalen« Cartoons lieben! Die meisten hilfreichen Geister nehmen in der Unterwelt die Form von Tieren an, einige erscheinen in menschlicher Gestalt, einige als mythische Wesen. Im allgemeinen sieht die untere Welt genauso aus wie eine natürliche Landschaft in dieser Welt, nur daß bei der Reise jedes Ding von Wichtigkeit ist und eine symbolische oder tatsächliche Bedeutung hat.

Die *obere Welt* ist die Welt der spirituellen Lehrer, der kosmischen Wesenheiten, der großen, weisen Alten, die meist in menschlicher Gestalt auftreten. Ihre Hilfe und Führung ist eher allgemein und philosophisch und nicht so weltlich oder praktisch wie die der unteren Welt. Das Licht ist durchscheinend und pastellfarbig, und oft herrscht dort ein ätherisches Gefühl. Man durchstößt auf seiner Reise nach oben eine feine Schicht, die oft wie eine Wolke aus Baumwolle aussieht.

Ein sehr wichtiger Punkt: Die obere Welt ist in keiner Weise höher als die untere Welt. Es ist genauso wie beim Medizinrad, wo der Osten nicht höher als der Westen ist. Sie ergänzen sich, sind gleichwertig, und keine kann ohne die andere existieren.

Die *Mittelwelt* ist einerseits unsere alltägliche, physische Welt, in der wir leben, die Welt der normalen Realität oder in der mexikanischen Terminologie das *Tonal.* Sie ist andererseits auch eine parallele, außernormale Version unserer Welt. In ihr gibt es paranormale Phänomene wie Intuition, Telepathie, außersinnliche Wahrnehmung, Gedankenformen, Ahnungen usw. Das ist die Welt, in der sich Krankheiten manifestieren, bevor sie in den Körper eindringen, die Welt, in der Geistheiler arbeiten und geistige Pfeile geworfen werden. Der Schamane zieht es vor, die Heilung zu suchen, bevor er tatsächlich krank wird! Wenn sich ein Mensch »entgeistert« oder krank fühlt, dann sollte er zu einem Schamanen gehen, sein Energiefeld prüfen und nach Eindringlingen untersuchen lassen und diese dann entfernen lassen. Die östliche Medizin arbeitet nach demselben Konzept. Die schamanische Kultur sieht die Ursache einer Krankheit als eindringende Kraft an, die gegen die Gesundheit gerichtet ist. Das westliche Prinzip, solange zu warten, bis der physische Körper krank ist, und dann erst Hilfe zu suchen, ist vom schamanischen Gesichtspunkt aus vollkommen altmodisch!

Es ist schwierig, in der Mittelwelt zu reisen und sich zurechtzufinden, und man braucht einige Erfahrung, bevor das möglich ist. Wir sind dort leicht angreifbar, wenn wir nicht aufpassen. (Siehe Schutzübungen in Kap. 4). Am besten beginnt man seine Reise in der Unterwelt.

Die Trommel – Das Pferd des Schamanen

Um reisen zu können, muß man in einen anderen Bewußtseinszustand eintreten, der oft der »schamanische Bewußtseinszustand« genannt wird. Die beste Methode, um das zu bewerkstelligen, ist mit der Trommel, dem »Reitpferd des Schamanen«. Die Trommel wird ständig mit 200–280 Schlägen pro Minute geschlagen, das entspricht annähernd den Thetawellen im Gehirn und verhilft dazu, das Geschnatter im Gehirn zu beruhigen und Sie während der Reise aufmerksam und wach zu halten. Ich habe auf meinen Workshops viele Menschen kennengelernt, die es gewohnt waren, zu visualisieren und auf eine geführte Meditation zu gehen; sie konnten oft eine wichtige Offenbarung erleben, die sie als sehr real empfanden, wenn sie das erste Mal zur Trommel reisten. Natürlich sind andere Wirklichkeiten für die Schamanen genauso real wie die alltägliche Wirklichkeit. Wenn wir reisen, gehen wir an einen wirklichen Ort und treffen dort wirkliche Krafttiere und geistige Lehrer. Es ist sinnlos, wenn westliche Menschen mit einem eingeborenen Schamanen darüber diskutieren, was wirklich real ist. Um die schamanische Art des Sehens zu verstehen, muß man die schamanische Kultur und ihre Vorstellungen vom Kosmos verstehen. Wenn ein Westler das tun will, muß er zuerst die kulturelle Hypnose, in der er sich befindet, vollkommen aufgeben, sonst gleicht er einem Menschen, der bei der Diskussion über ein Flugzeug darauf besteht, daß es nicht gut auf der Autobahn fährt, und dabei ganz vergißt, daß es ja fliegen kann.

Einführende Übung zur Reise in die Unterwelt

Suchen Sie sich einen ruhigen Platz und einen Freund, der trommelt; Sie können aber auch über Kopfhörer ein Tonband mit einer schamanischen Trommel hören.

Wedeln Sie sich mit einem Räucherstab ab, damit Sie in einen »heiligen Raum« kommen, und legen Sie sich bequem hin. Bedecken Sie die Augen, oder dunkeln Sie den Raum ab.

Auf Ihrer ersten Reise sollen Sie die Gegend erst einmal nur besuchen und beobachten. Sprechen Sie laut: »Ich reise in die Unterwelt, um sie zu besuchen und zu beobachten.«

Verlangsamen Sie die Atmung, entspannen Sie bewußt alle Muskeln, und spüren Sie die Schwerkraft von Mutter Erde, die Sie trägt. Visualisieren Sie dann einen Ort, den Sie kennen und von dem aus Sie sich leicht vorstellen können, in die Erde hineinzureisen. Das kann durch einen hohlen Baum geschehen, einen stillgelegten Bergwerksschacht oder am Grund eines Meeres oder Sees, sogar in einem unterirdischen Eisenbahntunnel! Stellen Sie sich vor, daß Sie dort sind, und treten Sie beim ersten Trommelschlag in den Tunnel ein. Zuerst treffen Sie den »Hüter der Unterwelt«, und wenn es ein guter Tag zum Reisen ist, dann wird Sie der Wächter durchlassen. (Wenn nicht, brechen Sie ab, und versuchen Sie es an einem anderen Tag.)

Der Tunnel führt nach unten und wird vermutlich steiler, je weiter Sie nach unten kommen. Lassen Sie sich tiefer und tiefer in die Erde hineinfallen. Wenn Sie auf ein Hindernis treffen, umgehen Sie es, oder finden Sie eine Lücke hindurch. Fallen Sie so lange nach unten, bis Sie sich in einer natürlichen Landschaft wiederfinden. Sie können z. B. in einer Höhle landen und dann dem natürlichen Pfad ins Freie folgen. Sehen Sie sich um, und stellen Sie fest, was es dort alles gibt. In der Nähe ist Ihr persönlicher Kraftplatz. Gehen Sie dorthin, und sehen Sie sich auch dort um. Beobachten Sie, ob es Tag oder Nacht ist, sonnig oder regnerisch, windstill oder windig; ob Sie in einem Wald sind, auf einer Wiese, in einer Wüste oder Steppe. Sind Sie neben einem fließenden Wasser, ist das Land fruchtbar oder öd, hören Sie die Vögel singen, sind Tiere in der Nähe? Achten Sie auf Ihren Weg, während Sie die Landschaft erforschen, und wenn das Rückreisesignal der Trommel kommt, gehen Sie wieder zur Höhle, und reisen Sie zurück. Schreiben Sie auf, was Sie erfahren haben.

Ein Krafttier holen

Machen Sie die gleiche Reise, die ich eben beschrieben habe, reisen Sie aber diesmal mit der festen Absicht, Ihr Krafttier zu treffen und zu holen. Wenn Sie Ihren persönlichen Kraftplatz erreicht haben, rufen Sie Ihr Tier, warten Sie und sehen Sie, was geschieht. Wenn ein Tier kommt, sehen Sie in alle vier Himmelsrichtungen, um sicher zu sein, daß es das richtige ist. Wenn sich das Tier viermal zeigt, können Sie sicher sein, daß es Ihres ist. Wenn Sie unsicher sind, fragen Sie das Tier unverblümt. Es wird Ihnen wahrheitsgetreu antworten oder eine Antwort zeigen. (Denken Sie daran, daß wir in der Traumwelt mit einer Traumsprache kommunizieren und nicht mit den üblichen Worten, die eine Erfindung der dritten Dimension sind.)

Wenn Sie Kontakt mit Ihrem Tier haben – es kann ein Vogel sein, ein mythisches Tier oder in menschlicher Gestalt erscheinen (Insekten gelten nicht als Krafttiere!) –, rufen Sie es zu sich, und wenn die Trommel zum Rückweg ruft, umfassen Sie es mit den Armen und bringen Sie es mit nach oben in diese Welt.

Einem Freund von mir erschien ein Landrover auf seiner Reise! Er betrachtete ihn auf die gleiche Weise, mit der er jedes andere Bild betrachten würde. Was bedeutete er für ihn, was waren seine Eigenschaften, was sagte er ihm über sich selbst? Für ihn symbolisierte der Landrover Freiheit, die Fähigkeit, in schwierigem Terrain zu reisen, Wildheit, Wetterfestigkeit – alles gute Eigenschaften, die er an sich fördern wollte.

Ein Krafttier holen bedeutet, sich mit einer Kraftquelle wiederzuverbinden. Wir sind besonders empfänglich für Erkrankungen, wenn wir gelegentlich niedergeschlagen und deprimiert sind. Vom schamanischen Gesichtspunkt aus haben wir dann Kraft verloren. Es gibt Zeiten, in denen wir zu Unfällen oder zu scheinbarem »Unglück« neigen (obwohl es so etwas nicht gibt!). All das zeigt uns an, daß etwas nicht stimmt, daß wir keine Kraft mehr haben und daß es Zeit ist, eine Reise zu machen, um uns wieder mit der Kraft zu verbinden und neue Kraft zu schöpfen.

In den alten Kulturen ging der Schamane auf die Reise, während sein Lehrling oder Trommler die Trommel schlug. Heutzutage ist es eher sinnvoll, daß jeder für sich selbst zu reisen lernt, um seine eigene Kraft wiederherzustellen. Auf meinen Workshops unterrichte ich das als erstes. Wenn man mit seiner eigenen Unterwelt und Oberwelt vertraut ist, ist es sehr bereichernd und informativ, in Paaren füreinander zu reisen. Das Zurückholen von Seelen, das später in diesem Kapitel beschrieben wird, gelingt viel besser, wenn man es für einen anderen Menschen tut.

Es gibt viele Bücher, die die Bedeutung der Krafttiere beschreiben, so z. B. das ausgezeichnete Buch *Karten der Kraft* von Jamie Sams. Wenn Sie auf die Reise gehen, ist es jedoch Ihre Psyche, die die Bilder hervorbringt, und deshalb ist die erste Frage: »Was bedeutet das für mich?« Bei den Reisen in der Unterwelt ist die beste Informationsquelle das Krafttier selbst! Wenn Sie im Zweifel sind, fragen Sie Ihr Krafttier.

Wenn Sie Ihr Krafttier geholt und sich mit ihm angefreundet haben, dann geht es bei der nächsten Reise um eine größere Lebensfrage. Stellen Sie nur eine einzige Frage bei jeder Reise, aber es ist wichtig, dieses eine Problem wirklich zu klären. Meiner Erfahrung nach mögen Krafttiere keine unsinnigen Fragen und zeigen ganz offen, daß sie ihnen nicht gefallen. Sie hören erst dann wieder zu, wenn man seinen eigenen Teil zur Lösung beigetragen hat.

Die folgenden Beispiele für Reisen stammen von meinem Kollegen Howard Charing. Howard kam aufgrund eines Nahtoderlebnisses zum Schamanismus. Er hatte vor 15 Jahren einen Unfall erlebt und war schwer verletzt, er konnte weder gehen noch stehen. Danach wurde er schwer depressiv und verlor seinen Lebenswillen. Er erzählte mir: »Meine Heilung begann, als ich die *Entscheidung* getroffen hatte, daß es mir bessergehen sollte.« Im Laufe der Zeit kam er in Berührung mit anderen Realitäten und fragte sich, ob er verrückt wurde. Er fand heraus, daß er anderen Menschen helfen konnte, indem er zu Orten in der anderen Welt reiste, an denen er einem Aspekt dieser Person begegnete, der in Gefahr oder gefesselt war. Auf seinem Weg begegnete er Tieren, die offensichtlich da waren, um ihm bei seinen Forschungen und beim Heilen zu helfen.

Wir hatten uns vor sechs Jahren bei einer Schwitzhüttenzeremonie kennengelernt, die ich für eine kleine Gruppe von Freunden abhielt. Bis dahin hatte er noch nichts vom Schamanismus gehört. Als ich die Methoden des Schamanismus und die klassische schamanische Reise erklärte, erkannte er, daß dies genau das war, was er ganz spontan getan hatte. Er sagte mir wörtlich: »Ich habe herausgefunden, daß alles, was ich tat, alte schamanische Praktiken waren. Durch den Schamanismus erkannte ich, daß ich nicht verrückt war, und ich lernte, in den anderen Bewußtseinszustand kraft meines Willens ein- und wieder auszutreten.« Bei einer Vision sah er einen Indianer, der ihn in eine dunkle Hütte bat, in der das einzige Licht die Glut der heiligen Pfeife war. Der alte Indianer sagte ihm, es sei seine Aufgabe, diese alten Methoden auf moderne Weise zu lehren.

Die folgenden Beispiele stammen von Klienten von Howard. Der erste beschreibt eine »Forschungsreise«.

> Ich sah mich um, und alles war bläulich getönt. Mir war warm, und ich fühlte mich wohl, dann sah ich einige Tiere. Ich war überrascht, wie deutlich und klar ich sehen konnte. Ein Elch und ein Pferd kamen ganz nahe zu mir und setzten sich hin. Der Elch sah mich freundlich und doch distanziert an. Kurz danach kam ein Gorilla, der eine Trommel trug und sie zu schlagen begann. Das fand ich interessant, denn der Schlag war anders als die Trommel, die tatsächlich in der normalen Realität geschlagen wurde. Dann kam ein Bär, der eine Weile ruhig dastand, bevor er wieder im Wald verschwand. Als das alles geschehen war, kam der Rückruf der Trommel, und ich begann mit der Rückreise.

Für eine andere Teilnehmerin waren gewisse Teile ihrer Reise ziemlich schwierig, aber sie fand die Erfahrung an sich sehr aufschlußreich und wertvoll.

> Ich startete in meinem Garten, in dem sich ein kleiner Kaninchenbau befindet, als ich eintreten wollte, erschien eine Schlange. Sie hatte einen pelzigen, katzenartigen Kopf, und sie war sehr zuvorkommend und freundlich. Wir krochen beide in das Loch hinein und bewegten uns spiralförmig im Tunnel nach unten, schließlich kamen wir nach scheinbar langer Zeit in einer Höhle wieder heraus. Ich war sehr entspannt mit meiner Katzenschlange. Die Höhle war voller Kristalle, sie waren überall – an den Wänden, sie hingen von der Decke, standen in Gruppen und einzeln auf dem Boden. Ich ging tiefer in die Kristallhöhle hinein und

hatte plötzlich den Eindruck von Gefahr. Ich sah eine riesige, schwarze Spinne mitten in einem gewaltigen, schwarzen Netz sitzen, das den Weg vor uns versperrte. Ich bat sie zu gehen, was sie auch tat, sie verschwand eilig in einem Loch am Boden. Die Schlange schmolz irgendwie das Netz zusammen, und wir gingen weiter. Kurz darauf kamen wir an einen Platz, den ich als Ort des Zweifels erkannte. Die Reste einer Steinbrücke waren auf beiden Seiten einer tiefen Schlucht zu sehen. Die Schlange streckte sich so über die Schlucht, daß sie selbst zur Brücke auf die andere Seite wurde. Obwohl ich etwas Angst hatte, ging ich auf Zehenspitzen über die »Brücke«. Kaum zu glauben, daß ich mein Gleichgewicht halten konnte. Als ich auf der anderen Seite war, zog es mich zu einer Art Zimmer hin. Wir gingen hinein, und mitten im Raum stand ein strahlend blauer Kristall auf einem rechteckigen Altar.

Ich nahm den Kristall, und während ich ihn in der Hand hatte, absorbierte ich ihn, und er schmolz in mein Herz hinein, was ich tatsächlich auch körperlich spüren konnte! Es war ein wunderbares, warmes Gefühl, dann kam das Rückzugssignal, und ich ging mit der Schlange zurück. Was für eine erstaunliche Erfahrung.

Diese Reise zeigt das Motiv des hinunterführenden Tunnels. Obwohl die Frau nicht die Absicht hatte, ihr Krafttier zu treffen, hatte es offensichtlich schon auf sie gewartet. Instinktiv spürte sie, daß ihr das Krafttier helfen und sie unterstützen wollte, und sie vermutete richtig, daß das Tier ihr gegenüber freundliche Gefühle hegte.

Die folgende Reise zeigt, wie ein Krafttier auf einer Reise leiten und informieren kann. Der Reisende war ein Mann, der seit einem Unfall mehrere Verletzungen an den Beinen hatte. Bei dieser Reise hatte er nur die Absicht, das Krafttier zu treffen.

Ich ging in den Eingang meiner Höhle hinein, entdeckte ein Loch und kletterte auf einer Leiter nach unten. Das schien endlos lange zu dauern, und ich glaubte, daß es zu lange dauern könnte, und so sprang ich hinunter und fiel immer tiefer und tiefer. Ich landete in einer Höhle und hatte das Gefühl, daß mein Bein bei diesem Fall verletzt worden sei. Ich konnte meine Beine nicht einmal spüren, ich konnte mir selbst nicht helfen und nicht aufstehen. Meine Beine lagen ganz absonderlich verdreht da.

Mein Krafttier war auch in der Höhle; es hob mich hoch und trug mich huckepack auf dem Rücken. Ich konnte einfach nicht selbst gehen. Wir kamen ins Freie, das Licht war ungewöhnlich, denn es war strahlend grün. In der Entfernung konnte ich eine Art Stadt sehen, die sich jedoch von anderen Städten unterschied, die Häuser sahen aus wie Untertassen und Kuppeln. Das Krafttier rannte in diese Richtung. Es lief in das Tal, in dem die Stadt lag, alles war rund und kurvig. Die Farben waren metallisch: grün, purpurrot, blau; alles sah aus wie elektrolytisches Metall. Wir wanderten durch die Straßen der Stadt, es gingen einige Leute herum, wir sahen auch von Tieren gezogene Karren und Fahrzeuge, die leise vorbeischwebten. Das Krafttier trug mich zu einem Ort, der mir wie eine Art Klinik erschien. Wir gingen hinein, und man legte mich auf einen Tisch. Ein Apparat wurde über meinen Unterkörper geschoben, und meine Beine wurden behandelt – sie wurden wieder gerade, stark und kräftig. Mit meinem physischen Körper spürte ich, wie ich ausgestreckt und mein Becken nach hinten gedrückt wurde. Ich fühlte, wie an mir gearbeitet wurde. Auch meine Knie wurden mit demselben Apparat untersucht. Meine Knie waren sehr steif und verspannt, aber jetzt fühlte mein Körper sich viel stärker an. Als das vorbei war, wollte ich den Ort erkunden. Ich stand auf, und meine Beine waren wieder stark ge-

> worden. Ich bedankte mich bei den Medizinleuten, die menschliche Gestalt hatten, weiße Kleidung trugen und mich anlächelten. Wir zogen weiter und liefen beide aus der Stadt hinaus und auf einen Berg hinauf. Das war eine berauschende Erfahrung.

Es ist interessant festzustellen, daß der Reisende eine sofortige Besserung seiner tatsächlichen, körperlichen Beschwerden bemerkte, nachdem die Heilung in der außernormalen Wirklichkeit stattgefunden hatte. Er berichtete, daß er tatsächlich eine Veränderung spürte und daß sich seine Beine kräftiger anfühlten und nicht mehr so »verdreht« waren. Das ist ein deutliches Beispiel dafür, daß die Geister dieser Person wohlgesinnt waren und ihr helfen konnten.

Die Oberwelt

Eine typische Reise in die Oberwelt, die Sie vielleicht schon kennen, ist die geführte Meditation, in der man auf einen Berg hinaufgeht und dort die »weise Person« trifft, die auf dem Gipfel wohnt. Andere typische Reisen bestehen darin, daß man auf einen magischen Baum hinaufklettert, der kilometerweit in den Himmel hinaufragt, oder von einem Wirbelwind oder Tornado emporgehoben wird oder die Weltenachse bzw. den Weltenbaum emporklettert. Auch viele Märchen und Legenden erzählen davon, wie z. B. »Jack und der Bohnenstock«, obwohl der Riese darin eher einem typischen Wesen aus der unteren Welt gleicht. Wie in der Unterwelt kann der Schamane auch in die Oberwelt reisen, um Hilfe und Rat zu suchen, aber man kann keinen Helfer mit herunterbringen.

In vielen westlichen Traditionen klafft ein tiefer Riß zwischen den Vorstellungen von der oberen und der unteren Welt. In der jüdisch-christlichen Tradition wurden sie zu

Himmel und Hölle, bei den alten Griechen gab es den Berg Olymp, auf dem die Götter wohnten, und den Hades, wo die Schatten der Toten hausten. Diese Kluft ist Teil derjenigen Kluft, über die ich im 2. Kapitel gesprochen habe und die so dringend der Heilung in unserer westlichen Psyche bedarf. Wenn alle »guten« Götter im Himmel und alle »schlechten« auf der Erde, in der »Hölle« oder im »Hades« leben, wie können wir dann unsere Erde lieben und schätzen?

Nach der sibirischen Mythologie leben die höchsten Schöpfergötter in der Oberwelt, nehmen aber nur wenig Anteil an den menschlichen Angelegenheiten. Die Götter aber, die die Erde geschaffen haben, leben in der Unterwelt und haben großes Interesse an den Angelegenheiten der Menschen. Sie können von Schamanen um Hilfe angerufen werden – diese Mythologie ist erdenfreundlich!

Das Seelenrückholen

Die meisten von uns, wenn nicht alle, haben schon einmal einen Seelenverlust erlebt. Ich habe mit Sicherheit ein solches Trauma erlebt, als ich mit acht Jahren ins Internat geschickt wurde und mich dort ganz verlassen fühlte. Was es besonders schwer machte, war, daß ich verlassen wurde, »weil wir dich lieben«. Wenn das Liebe war, wollte ich nichts davon wissen! Auch in der Pubertät habe ich einen Seelenverlust erlebt, als meine Familienstruktur sich eine Zeitlang auflöste. Als ich im Internat war, war ich voller Haß und stellte mich auf einen »Überlebensmodus« ein, nur um durchzukommen; ich unterdrückte meine Lebendigkeit und tat mein Bestes, um so wenig wie möglich zu empfinden.

Einen Seelenverlust erleben wir meist aufgrund eines Traumas. Ein Teil unserer vitalen Natur versteckt sich, damit wir das, was gerade geschieht, überleben können. In einer Zeit extremen Stresses verläßt uns ein Teil der Seele, damit das ganze Selbst überleben kann. Dieser natürliche Überlebensmechanismus ist zu seiner Zeit gewiß hilfreich, aber wir müssen uns um den verlorenen Teil kümmern, wenn wir wieder ganz werden wollen.

Die Symptome eines Seelenverlustes sind folgende: eine Unfähigkeit, sein Leben zu bewältigen; Unfähigkeit, sich zu sammeln und zu konzentrieren; keinen Kontakt zu seinen Gefühlen zu haben; das Gefühl, ausgegrenzt zu sein, nicht wirklich dazusein; das Gefühl, sich eher wie ein Beobachter seines eigenen Lebens zu sehen und nicht als Teilnehmer; ein durchdringendes Angstgefühl; chronische Krankheiten, besonders häufiges Unwohlsein. All das kann einen Seelenverlust anzeigen, und ich glaube, daß auch einige der neuartigen Erkrankungen, wie z. B. ME (myalgische Enzephalitis), damit zu tun haben können.

Im schamanischen Weltbild gilt es als Zeichen von Kraft, gesund zu sein. Wenn der Körper voller Macht ist (damit ist eher Macht über sich selbst als Macht über andere gemeint), dann gibt es keinen Platz für Krankheiten und Leiden, die im Schamanismus als eindringende Kräfte oder Wesenheiten angesehen werden.

In der Weltsicht der Schamanen gibt es auch keine lineare Zeit. Am Beispiel des Medizinrades (3. Kapitel) haben wir gesehen, daß der Körper in der Gegenwart (Westen) existiert. Die Emotionen stehen in der Vergangenheit, und der Geist plant für die Zukunft, der Körper aber lebt nur im Jetzt. Erinnerungen werden im Körper gespeichert, so daß, was immer in der Vergangenheit geschehen ist, in diesem Sinne sich immer noch irgendwo ereignet. Der Schamane kann daher zu dem Ort reisen, an dem das Trauma passiert ist, um den verlorenen Seelenanteil zurückzubringen und mit ihm auch die Lebenskraft, die er enthält.

Die Reise zum Seelenrückholen

Die Reise zum Seelenrückholen gleicht der Reise zum Krafttier, die ich zuvor beschrieben habe. Will man jemandem helfen, einen verlorenen Seelenteil zurückzuholen, muß man durch den Tunnel in die untere Welt gehen. Dort verbindet man sich mit seinem Krafttier und mit allen anderen Helfern, die im Laufe der Entwicklung zu einem kommen, und reist dann in die untere Welt seines Klienten. Manchmal erscheint ein Seitentunnel neben dem eigenen Tunnel, der direkt dorthin führt. Das Krafttier oder der Helfer führt einen dann an den Ort, an dem sich der verlorene Seelenanteil befindet. Der Teil lebt oft in Streß und erscheint meist jünger, als der Klient jetzt ist, und ist gar nicht glücklich darüber, zurückzukommen. Manchmal muß man mit ihm verhandeln, um ihn zu überzeugen, daß die Rückkehr sicher vonstatten geht. Dann bringt man den Seelenteil zurück und bläst die Lebenskraft in den Klienten hinein. Das führt zu einer energetischen Veränderung, die einen Zeitraum von drei Tagen bis zu zwei Wochen braucht, um voll integriert zu werden. Der Klient braucht möglicherweise noch eine andere Therapie oder sonstige Hilfe, während diese Veränderung vor sich geht. Der Seelenteil hat seine Gründe gehabt, wegzugehen, er will auch nicht hierbleiben, wenn diese Gründe immer noch existieren.

Das Seelenrückholen wirkt therapeutisch, aber es ist keine Therapie. Trotzdem kann es gelegentlich sehr hilfreich sein, wenn z. B. der therapeutische Prozeß stagniert, und es kann magische Veränderungen der inneren Energie eines Menschen hervorrufen. Es ist gut für den Klienten, wenn er danach Unterstützung und Hilfe bekommt, damit diese große Gelegenheit, die Lebenskraft wiederzubekommen, nicht ungenutzt vorbeigeht.

Ein Therapeut kann nur mit den Anteilen einer Person arbeiten, die tatsächlich anwesend sind. Das Seelenrückholen kann verlorene Teile wieder zurückbringen und damit den therapeutischen Prozeß unterstützen. Howard ist ein Spezialist im Seelenrückholen, und er erzählte mir, daß jetzt einige Klienten in Begleitung ihres Therapeuten zu seiner Sitzung kommen, was er für eine sehr ermutigende Entwicklung hält.

Nach dem Seelenrückholen kommen verdrängte Erinnerungen und Gefühle wieder an die Oberfläche. Das ist ein Zeichen dafür, daß ein heilendes Geschehen stattgefunden hat. Auf allen tieferen Schichten der Heilung werden die Dinge zuerst schlechter, bevor sie besser werden! Der Eiter in der Wunde muß zuerst völlig ausgeschieden werden, bevor die Wunde heilt, anders kann keine vollkommene Heilung eintreten.

Auf einem unserer Workshops demonstrierte Howard ein Seelenrückholen an einem Teilnehmer; nennen wir ihn Martin. Ich trommelte für ihn, und zwar leise, damit alle hören konnten, wie Howard von der Reise erzählte. Er gelangte ganz leicht in Martins untere Welt hinein, aber die Reise selbst dauerte so lange und war so schwierig, daß mir die Trommel gegen Ende beinahe aus der Hand fiel!

Am Ende blies er den Seelenteil durch seine hohlen Hände in Martins Brust ein. Die feste Absicht ist hier wichtig, und das Blasen ist nur ein Vehikel für die Absicht. Martin zeigte keinerlei unmittelbare Veränderung. Er war ein schüchterner, ruhiger, zurückgezogener Mensch, der völlig unscheinbar wirkte. Am dritten Tag des Workshops, als wir im Kreise unsere Erfahrungen austauschten, konnten wir plötzlich einen ganz anderen Martin erleben, der sein Innerstes mit uns teilte und eine Energie hatte, die alles andere als unscheinbar war.

Ich lasse im Folgenden Howard selbst erzählen. Hier sind einige sehr interessante Beispiele für das Seelenrückholen. (Alle Namens- und Ortsangaben wurden verändert.)

Beispiele für Reisen zum Seelenrückholen

Nicole kam zu mir, weil sie an einem beständigen Gefühl der Bedrohung litt. Sie glaubte, daß etwas »in« ihr sei, und war nicht in der Lage, damit umzugehen. Sie fühlte sich unwohl und hatte ihr Vertrauen verloren, und sie empfand kaum noch Freude an ihrer Familie und ihrer Arbeit. Nicole arbeitete im Gesundheitswesen, war Mitte dreißig, geschieden und hatte zwei Kinder. Ich unterhielt mich mit ihr, und sie erzählte mir, daß es in ihrem Leben Dinge gegeben habe, durch die sie sich gefährdet und bedroht fühlte. Wir sprachen über die schamanische Reise und einigten uns darauf, daß wir sie ohne feste Vorstellungen beginnen sollten.

> Wir legten uns beide nebeneinander auf meinen »Reiseteppich«, wobei sich unsere Ellbogen und Schultern berührten. Ich halte diese Berührung für hilfreich, dieser Körperkontakt ist gewissermaßen die Versicherung, daß wir gemeinsam auf einer Reise sind. Wir legten die Kopfhörer an, und ich startete das Trommeltonband. Beim ersten Ton ging ich zu meinem Eingang in die untere Welt und bewegte mich langsam immer tiefer und tiefer nach unten. Ich kam an eine Wendeltreppe und wußte, daß sie in Nicoles persönliche Unterwelt führte. Ich ging, manchmal lief ich auch, die Wendeltreppe immer tiefer hinunter. Manchmal wurde ich dabei ein wenig schwindelig, und gelegentlich machte ich eine kurze Pause. Nach einer Zeit, die mir sehr lang erschien, kam ich an ein Haus, das wie ein Gefängnis aussah – es gab eine große Mauer, und die Fenster und Türen waren mit Balken verschlossen. Ich wurde von einer Gestalt, die Nicole ähnlich sah, erwartet. Sie bat mich, ihr zu folgen, und als ich mit ihr ging, führte sie mich in eine Gefängniszelle und verschloß die Tür, um mich zu fangen.

Das war ein Versuch, meine Erkundigungen zu behindern, eine Art von Trick und Täuschung. Ich sprach nun laut zu der echten Nicole und erzählte ihr, was ich erlebt hatte, und bat sie um Erlaubnis, weiterzumachen. Sie war ganz gespannt darauf, wie die Reise weitergehen würde. Ich schmolz dann die Balken und entfloh aus dem Gefängnis.

Hier möchte ich eine Bemerkung zum besseren Verständnis einschieben. In der Unterwelt haben Wesenheiten oft eine gewisse Macht über Dinge und können die Landschaft beeinflussen. Es ist leichter, wenn diese Reise für einen anderen Menschen unternommen wird, denn dann ist man nicht in dessen innere Landschaft verwickelt.

Als ich herauskam, sah ich, daß sich Nicole in einen Riesen verwandelt hatte. Ich konnte den Riesen wieder zurück zur normalen Größe verwandeln. Als mir dies gelungen war, erschien ein kleines Mädchen, das etwa zwei Jahre alt war und extrem erschreckt aussah. Ich verbrachte einige Zeit bei dem Kind, um es zu beruhigen und zu trösten. Ich fragte es, was es brauchte, und obwohl es nicht richtig sprechen konnte, war es klar, daß es von seinem erwachsenen Selbst geliebt und umsorgt werden wollte. Zu diesem Zeitpunkt gesellte sich einer meiner geistigen Lehrer zu mir. Dieser Lehrer erscheint immer wie ein tibetischer Lama, der in wunderbare rote und safranfarbige Gewänder gehüllt ist, sein Gesicht ist voller Freundlichkeit, Liebe und Sanftmut. Er erklärte mir, daß Nicole in diesem Alter einen steilen Berg hinuntergefallen sei, große Angst empfunden und einen Schock erlitten hatte. Er zeigte mir, wie das geschehen war. Ich berichtete Nicole das und fühlte, wie sie zitterte, als sie sich an den Unfall erinnerte. Der geistige Lehrer sagte, daß er bei dem kleinen Mädchen bleiben wollte, solange ich die Reise machte. Er griff nach der Hand des Kindes, und ich sah, wie sich das Gesicht des Mädchens entspannte und weich wurde. Obwohl ich Nicole davon nichts berichtet hatte, war es interessant, ihre Reaktion zu spüren, sie entspannte sich augenblicklich, und ihre Atmung wurde ruhiger.

Ich verließ das Gebiet des Gefängnisses. Draußen war ein dunkles, tiefes Meer. Ich ging hinein, und es war kalt und dickflüssig. Ich schwamm so lange weiter, bis ich eine kleine Insel sah, auf die ich kletterte. Das Land war sehr wackelig und schien eher auf dem Meer zu schwimmen, als mit der Erde verbunden zu sein. Als ich mich umsah, schwammen viele Brocken und Stücke von Land auf der Oberfläche des Meeres herum. Auf der Insel wohnte eine Schlange, ich ging zu ihr und fragte sie, was sie hier machte. Die Schlange sagte, sie sei der Neid auf andere, die sich liebten. Als ich das Nicole erzählte, gab sie zu, solche Gefühle zu haben. Sie war bereit, sie loszulassen, denn sie waren weder notwendig noch hilfreich. Während sie das in der physischen Welt tat, arbeitete ich mit der Schlange und versuchte sie in etwas Besseres umzuwandeln. Die Schlange verwandelte sich in ein regenbogenfarbiges Licht und verschwand.

Ich bat dann meine geistigen Helfer um Führung, was als nächstes zu tun sei. Ich sah, wie die getrennt schwimmenden Landklumpen wieder zusammenkamen und sich miteinander verbanden. Ich begann langsam mit dieser Arbeit, Stück für Stück brachte ich die kleinen Inseln zusammen und vereinigte sie wieder. Ich tat das vom Meeresgrund aus und rekonstruierte das Land von unten nach oben. Als ich damit fertig war, griff mich eine knurrende, wütende Bestie an. Ich konnte sie auf Armeslänge von mir halten. Ich bat Nicole, sich darauf einzustellen. Sie antwortete sofort: »Das ist meine Selbstsabotage.« Ich ermutigte die Bestie, sich zu verwandeln, sie ging in Flammen auf, und als der Kadaver verbrannt war, stand ein junges Mädchen namens Hannah darin. Nicole brachte sie mit einem früheren Leben, das sie in einem Konzentrationslager verbracht hatte, in Verbindung. Das erzeugte eine starke emotionale Entladung und die Abneigung, mit Hannah zu arbeiten.

Es war nun Zeit zur Rückreise, und ich hielt währenddessen Hannahs Hand. Die Landschaft hatte sich vollkommen verändert, es war tatsächlich ein ganz neues Land. Das Leben kam zurück, Pflanzen wuchsen, Vögel sangen, der Geruch der fruchtbaren Erde und der Duft der Blumen drangen zu mir. Als wir durch diese wunderbare Landschaft gingen, kamen wir zu einem Baum von riesigen Ausmaßen. Dieser Baum hatte tiefe Wurzeln, die in die Erde hineinreichten, und viele reichbelaubte Zweige. Ich hatte das starke Gefühl, daß dieser Baum als Bindeglied wirkte, der das neue Land zusammenhalten sollte. Der Baum sah stark und üppig aus.

Ich freute mich sehr, als ich den geistigen Lehrer, den Lama, bei dem zweijährigen Mädchen sitzen sah, beide warteten auf uns. Ich erzählte Nicole, was geschehen war und wo wir waren, und sie entschloß sich, mit dem Kind Hannah zusammenzubleiben. Ich war sehr zufrieden, und der Lama nickte anerkennend. Wir gingen zurück zu unserer Welt. Der Lama winkte uns zum Abschied zu, ich hielt beide Kinder im Arm und stieg wieder nach oben.

Ich kam mit den Kindern an und brachte sie in einer kleinen Zeremonie zurück zu Nicole.

Nicole fühlte sich augenblicklich voller Energie, viel klarer, und sie hatte ein leichteres Körpergefühl. Etwa eine Woche später sprach ich mit ihr, und sie erzählte mir, daß sie an diesem Abend früh zu Bett gegangen sei und den besten Schlaf seit Jahren gehabt hätte. Die darauffolgenden

Tage war sie voller Freude, die ab und zu von einem Hauch der Trauer durchdrungen war. Das hing mit den Emotionen zusammen, die auf der Reise aufgetaucht waren, jetzt in ihrem Innersten wirksam wurden. Nach vier oder fünf Tagen fühlte sie sich wirklich gut. Sie war begeistert, daß ihr das von anderen Leuten bestätigt wurde, die ihr sagten, daß sie strahlte. Ich fragte sie, ob sie sich noch immer bedroht fühle. Sie sagte, nein, die Welt sei nun ein besserer Platz für sie geworden: »Ich habe das Gefühl, jetzt stärker extrovertiert zu sein. Ich weiß, daß alles nur ich war, aber ich dachte, es käme von außen.«

Einer der Aspekte des Reisens in andere Wirklichkeiten ist die Begegnung mit Ereignissen, die schon lange zurück liegen und vergessen oder vom Bewußtsein unterdrückt wurden. In gewissem Sinne finden sie immer noch statt und beeinflussen uns. Ich nenne sie »Geheimnisse«, denn der Mensch ist sich ihrer nicht bewußt. Dennoch ist das, was uns passiert, die Folge dieser Geschehnisse, die immer noch in uns wirksam sind.

Hier ein anderes Beispiel:

Margret, die Ende zwanzig war, hatte, solange sie sich erinnern konnte, das Gefühl zu ersticken. Obwohl sie wußte, daß es unlogisch war – sie konnte sich selbst sehr gut analysieren –, und obwohl es keinen Grund dafür gab, beeinträchtigte und ängstigte es sie.

Wir legten uns nebeneinander, ich stellte das Trommelband an und begab mich auf die Reise in die Unterwelt. Tief unten kam ich in einem nächtlichen Wald heraus. Mein Krafttier erwartete mich schon, und nachdem wir uns begrüßt hatten, fragte ich es, wie ich Margret am besten helfen könnte. Mein Krafttier gebot mir, ihm zu folgen. Wir liefen beide durch die Nacht in einen Wald hinein, der vollkommen dunkel war. Ich hatte keine Angst, denn ich vertraute meinem Krafttier, das den Weg kannte. Dann erreichten wir eine Lichtung. Ich nahm den freien Raum um uns herum wahr, einen leichten Wind und den sternenlosen Nachthimmel.

Mir wurde allmählich bewußt, daß auch Margret da war, sie war verletzt und weinte. Ich fragte mein Krafttier, was geschehen sei, dann sah ich eine Szene, in der Margret angegriffen und vergewaltigt wurde. Der Angreifer bedrohte sie mit einem Messer, und obwohl Margret das Messer nicht sehen konnte, leistete sie keinen Widerstand. Das war sicher die richtige Entscheidung, denn es war ganz offensichtlich, daß der Verbrecher bereit war zuzustechen.

Nach dieser Szene bat mich das Krafttier, ihm weiterzufolgen. Ich hielt Margrets Hand, während wir eine Höhle betraten. Hier drinnen war es noch dunkler als draußen, es herrschte eine vollkommene Dunkelheit, und ich verspürte die starke Angst, erstickt zu werden. Ich fragte das Krafttier, was diese Höhle bedeutete. Es sagte, das Herz sei für Margret wie eine schwarze Höhle, und es gäbe eine Menge destruktive, fast selbstmörderische Energie darin, die dringend geklärt werden müsse. Dann trat die destruktive Energie auf, und sie sah aus wie ein Oktopus, der Körper und die Tentakel waren schwer und schwarz. Das Krafttier und ich arbeiteten daran, diese Form aufzulösen und zu verwandeln, um die Gefühle freizugeben.

Margret, die meiner gleichzeitigen Erzählung lauschte, sagte, daß sie sich nach der Vergewaltigung vor einen fahrenden Zug werfen wollte. Sie konnte dann viel Trauer und negative Gefühle loslassen, von denen sie sich selbst abgeschnitten hatte.

Danach erschien ein anderes Licht in der Höhle, und eine andere Szene tauchte auf. Wir fanden heraus, daß auch ihre Mutter vergewaltigt worden war. Margrets Erstickungsgefühl kam daher, daß ihre Mutter sie bei der Vergewaltigung in ihr Bettchen geworfen hatte. Margret erkannte, daß sie die Angst ihrer Mutter übernommen und in gewisser Weise deren Leben nachgelebt hatte.

Die Höhle wurde immer heller, und wir gingen nach draußen. Die Sonne ging gerade auf, und wir konnten den Wald sehen. Die Luft wurde wärmer, es war ein sehr schöner Tag, und wir drei wanderten durch den Wald zum Eingang. Wir machten unterwegs an einem klaren See halt, Margrets Seelenteil badete darin und wusch sich. Am Eingang sagte ich meinem Krafttier Lebewohl und brachte die Seele zurück in die alltägliche Wirklichkeit.

Wir führten eine Zeremonie zur Rückkehr aus. Margret verspürte eine große Erleichterung, ihr Körper ließ alles Schwere mit einem tiefen Seufzer gehen, und sie entspannte sich sichtlich.

Einige Wochen später rief sie mich an, um mir zu sagen, daß sich ihr Leben allmählich veränderte. Sie konnte wieder vertrauen und ihren Gefühlen und Instinkten folgen. Sie sagte, in ihr hätte sich etwas merklich gewandelt, und sie müsse jetzt die Menschen und Angelegenheiten nicht mehr in dem Ausmaß kontrollieren, wie sie es bis dahin getan hatte. Einige Monate später rief sie mich noch einmal an, um mir zu sagen, daß sich das Leben in all seiner Fülle vor ihr auftat.

Die folgende Reise hat der Betreffende mit eigenen Worten für mich aufgeschrieben. Während eines Besuchs in Peru erlitt der Mann schwere Verletzungen, die er sich bei einem Autounfall zugezogen hatte. Oft schon habe ich von Personen gehört, die nach einem Unfall oder einer größeren Operation sagten: »Meine Gefühle sind nicht mehr die gleichen seitdem.« Die Geschichte dieses Mannes zeigt das ganz deutlich.

Vor fünf Monaten hatte ich einen Autounfall, von dem ich ein mehrmals gebrochenes Bein zurückbehielt. Ich bekam eine schreckliche Depression und hatte fast keine Energie und Lebenskraft mehr. Ich kann den Zustand nur so beschreiben, daß ich nicht »da war«, obwohl ich weder Drogen genommen hatte noch schläfrig war. Ich hatte das Gefühl, halbtot zu sein, und konnte nichts mehr effektiv oder gar mit Begeisterung tun. Während des Seelenrückholens erklärte man mir, daß ein großer Teil meiner Lebenskraft zur Zeit des Unfalls von mir weggegangen war und sich immer noch im Schockzustand befand. Es wurde eine Szene auf der Straße beschrieben, die zum tatsächlichen Geschehen paßte. Ich erkannte, daß es wahr war und daß ich nicht »da war«, weil mein Ich Tausende von Kilometern weit weg in Peru war.

Als mir die verlorenen Seelenteile eingeblasen wurden, fühlte ich mich schon nach einigen Minuten zum ersten Mal seit fünf Monaten wieder lebendig. Die Wirkung war überwältigend – all mein Enthusiasmus, meine Vitalität, meine Energie und meine Freude kehrten wieder zu mir zurück. Ich war so, wie ich es nie zuvor erlebt hatte.

Nun liegt das Seelenrückholen schon einige Wochen zurück, und ich kann sagen, daß es die ungewöhnlichste therapeutische Erfahrung war, die ich jemals erlebt habe. Ich merke, daß ich wieder hier und zu Hause bin.

Die letzte Reise zum Seelenrückholen, die ich jetzt schildere, zeigt, daß Entscheidungen, die wir in der Vergangenheit getroffen und wieder vergessen haben, unser gegenwärtiges Leben noch immer beeinträchtigen können.

Francesca, eine Frau Ende dreißig, kam zu mir. Sie sagte, sie sei immer abwesend und nicht mehr in ihrem Körper. Das empfand sie als sehr beunruhigend, denn sie war sich sicher, keinerlei Trauma erlebt zu haben, und konnte sich daher nicht erklären, woher diese Gefühle kamen. Dazu war sie immer müde und energielos. Sie hatte keinen Sex mehr, obwohl sie in einer längeren Beziehung mit einem Partner lebte. Ich sagte, daß ich es für das beste hielte, eine Reise in die andere Realität zu machen und dort die spirituellen Lehrer und Führer um Rat zu fragen.

Wir lagen nebeneinander, und ich startete das Trommeltonband. Ich wollte zuerst einmal eine kurze Informationsreise machen, um herauszufinden, was ich tun sollte. Francesca war schon zuvor am Schamanismus interessiert gewesen, und so war ihr all das, was ich für sie tun wollte, vertraut. Ich reiste in die Unterwelt, wo mein Krafttier auf mich wartete. Ich bat es um Hilfe, und es zeigte mir ein Abbild von Francescas Körper. Auf diesem Bild war die Magengegend ganz schwarz, und es befanden sich kreisförmige Schatten im Körper, die sich, als ich sie heranzoomte, als Haken erwiesen. Mein Krafttier zeigte mir an, daß ich ihm folgen sollte. Wir gingen zu einem Platz, an dem ich erst kürzlich gewesen war. Ich erkannte die Landschaft wieder – noch interessanter war, daß ich wieder auf demselben Pfad ging und das Gras noch meine Fußabdrücke von der vorherigen Reise zeigte. Als wir so gingen, blieb mein Krafttier plötzlich stehen und zeigte mir einen großen Spiegel. Ich sah in den Spiegel hinein und konnte darin zwei Tiere sehen, eines war ein Wolf, das andere ein Fuchs. Ich konnte mir keinen Reim darauf machen und wunderte mich, was das bedeuten sollte. Ich erzählte gleichzeitig Francesca laut diese Reise und sagte ihr auch, daß ich nicht wußte, was davon zu halten sei. Ich ging weiter, und wir kamen zu einem Baumhaus, in dem einer meiner geistigen Lehrer in menschlicher Gestalt lebte. Ich kletterte hinauf, und er wartete schon auf mich. Er sagte mir, daß Francesca zwei Reisen zum Seelenrückholen brauchte und darüber hinaus einige Arbeit in der mittleren Welt, um gewisse eingedrungene Fremdkörper aufzuspüren und herauszuziehen. Ich dankte ihm für diese Information und machte mich auf den Rückweg, denn ich hatte das, was ich wissen wollte, erfahren.

Ich kehrte zur normalen Realität zurück und sprach mit Francesca über diese Reise. Sie bestätigte, einen ziemlich unangenehmen Schmerz im Magen zu haben; der Magen war auch berührungsempfindlich. Als ich die Haken in ihrem Körper erwähnte, wußte sie, von wem sie kamen. Francesca erklärte mir, daß sie eine Gruppe zur Entwicklung außersinnlicher Fähigkeiten besuchte. Die Leiterin der Gruppe hatte in letzter Zeit ein überstarkes Ego entwickelt und mißbrauchte ihre Position.

Francesca hatte beobachtet, daß die Leiterin die Gruppe in einer Weise kontrollierte und manipulierte, die alle Teilnehmer schwächte. Als sie gegen dieses Vorgehen protestierte, wurde sie von der Leiterin in einer erniedrigenden Art und Weise zurechtgewiesen. Ich erkannte, daß dies die Arbeit sein mußte, die ich in der mittleren Welt zu tun hatte. Ich fragte noch, was die Tiere bedeuten sollten, und sie sagte, das seien ihre Krafttiere gewesen. Ich fragte Francesca, ob sie die Tiere jemals besucht hätte, und sie antwortete: »Sehr selten.« Ich schlug ihr vor, das doch zu tun, denn offensichtlich wollten die Tiere mit ihr Verbindung aufnehmen.

Den letzten Teil dieser Sitzung verbrachte ich damit, die Haken, die von ihrer Gruppenleiterin stammten, aus ihrem Körper zu entfernen und an ihrem Magen eine Extraktionsheilung durchzuführen.

Wir trafen uns nach einer Woche wieder. Francesca sagte, sie fühle sich kräftiger und könne wieder vernünftig denken, was auch andere bestätigt hatten. Sie wurde aktiver und brauchte weniger Schlaf (zuvor hatte sie viel zuviel geschlafen).

Jetzt folgen die Notizen von meiner ersten Reise zum Seelenrückholen:

Wir lagen nebeneinander, ich startete das Trommelband und entspannte mich, um in den schamanischen Bewußtseinszustand zu gelangen. Ich fiel immer tiefer und tiefer und gelangte schließlich in ihre untere Welt. Ich freute mich, daß meine Krafttiere dort auf mich warteten. Der Ort war wie ein wüstes Land, es gab keinerlei Leben und keine Vegetation. Im Boden befanden sich große Spalten. Ich wußte nicht, wohin ich an diesem Ort gehen sollte, und gerade als ich das dachte, erschien einer meiner spirituellen Lehrer. Er hat die Gestalt eines Spurenlesers der australischen Aborigines. Meiner Erfahrung nach kann er alles herausfinden, aber wenn er bei einer Reise auftaucht, weiß ich, daß es eine lange und beschwerliche Reise sein wird, denn er leiht mir seine Fähigkeiten nicht ohne Grund. Meine Ahnung wurde bestätigt, als das Krafttier sich weigerte, mich zu begleiten. Es zog es vor, auf mich zu warten. Wir sagten einander Lebewohl, der Spurensucher zog los, und ich folgte ihm. Das Land wurde immer verlassener und öder – das Gefühl der Öde wurde immer überwältigender, denn es gab im gesamten Umkreis rein gar nichts mehr. Ich sah, daß der Spurensucher sich nicht sicher war, in welche Richtung er gehen sollte und wonach wir eigentlich suchen sollten. In diesem Moment sah ich einen Vogel, den ich als Rabe erkannte, er flog hoch hinauf. Der Spurensucher und ich folgten dem Vogel. Der Vogel verbreitete eine Aura des Todes um sich. Er flog in sein Nest am Höhleneingang, das sich hoch oben an einer steilen Felswand befand.

Wir kletterten die Felswand hinauf und kamen in die

Höhle, in der das Nest war. Im Nest sahen wir einen Eingang, der in eine andere, tiefere Ebene der Unterwelt führte. Wir gingen hinein und kamen in einen trostlosen Gang. Vor uns lag dichter Nebel, den ich als Weg in das »Land der Toten« auffaßte. Ich hielt den Spurensucher an der Hand und folgte ihm nach. Wir gelangten schließlich aus dem Nebel heraus und kamen in eine andere öde und felsige Landschaft, jetzt lag jedoch eine kleine, runde Hütte vor uns. Wir traten in die Hütte ein, und drinnen saß Francesca, die sehr niedergeschlagen aussah und völlig im Bann einer anderen Frau stand, die viel älter als sie war. In diesem Augenblick kam ein anderer meiner geistigen Lehrer (derjenige, den wir auf der Reise zuvor schon kennengelernt haben). Er sagte, daß die Frau, in deren Bann Francesca stand, sie selbst sei, daß sie mit uns zurückkehren sollte und daß die ältere Frau dort in der Hütte bleiben sollte.

Wir begannen mit der Rückreise, gingen zurück durch den Nebel und verfolgten unseren Pfad so lange, bis wir zu dem Eingang kamen, an dem mein Krafttier auf uns wartete. Ich verabschiedete mich von dem Spurensucher und brachte Fancescas Seelenteil mit mir. Francesca konnte viele negative Gefühle loslassen, sie weinte dabei und sagte, daß sie sich entschieden habe, wegzugehen, um sich vor einem jahrelangen Bann in Sicherheit zu bringen.

Zwei Wochen später unternahmen wir zum zweiten Mal eine Reise zum Seelenrückholen:

Zuerst sprach Francesca über ihre Gefühle und das, was in der vergangenen Woche geschehen war. Sie hatte viel geweint, Wutanfälle gehabt, war depressiv, dachte an Selbstmord, haßte sich selbst und so weiter. Ich hörte ihr aufmerksam zu. Sie empfand jetzt all die Gefühle, von denen sie sich zuvor abgeschnitten hatte. Sie wirkte viel lebendiger. Es gehört nun einmal zu unserem Leben als Menschen, Gefühle zu haben, so wie es ihr jetzt erging. Ich sagte ihr voller Anteilnahme, daß sie sehr mutig damit umgegangen sei. Sie wollte jetzt noch wissen, warum sie nichts annehmen konnte und was sie daran hinderte.

Ich begann mit der Reise, und der Tunnel wurde zur Rutschbahn. Als ich tiefer nach unten kam, versperrte etwas vor mir den Weg, und es sah so aus, als gäbe es kein Weiterkommen mehr. Als ich an das Hindernis gelangte, war mein Krafttier auch schon da und wies mich auf einen Seitentunnel hin. Er war voller Geröll, und wir bahnten uns den Weg hindurch und kamen in einer Landschaft heraus. Diese Landschaft war eingefroren, sehr kalt, ein eisiger Wind heulte, und alles sah grau aus. Wir gingen weiter und lauschten dem Knirschen des Schnees unter unseren Schuhen. An einem Abhang stand ein Widder, und ich fragte ihn, was Francesca mich gefragt hatte: »Warum kann sie nichts annehmen?« Der Widder antwortete: »Sie glaubt, daß sie sich zu Tode frieren und dann sterben wird.«

Ich bat um mehr Information und bekam ein Bild von Francesca, die sich irgendwo im Eis vergraben hatte. Wo war das? Der Widder zeigte mit seinem Huf und seinem Kopf nach unten und schlug ein Loch durch das Eis. Unter dem Eis war ein Raum. Wir kletterten hinein, und er sah aus wie eine alte, ägyptische Grabkammer. Er war voll von Kunstgegenständen, Statuen, Möbelstücken und Mumienschreinen. Es gab eine andere Tür, die hinausführte. Ich öffnete sie und ging hindurch. Ich kam in einen extrem kalten Raum, ich fror tatsächlich, nicht nur auf der Reise, sondern auch mit meinem physischen Körper in der normalen Wirklichkeit. Die Wände des Zimmers waren aus Eis. Ich versuchte, sie aufzutauen, und der Widder gesellte sich zu uns. Wir erkannten den Seelenteil von Francesca im Eis und führten ihr gemeinsam Wärme und Energie zu. Wir sahen viele Bilder von Francesca, wie sie noch ein kleines Baby war, sie war ohne jede Liebe, ohne Wärme und sehr fest eingewickelt. Das Eis war nun geschmolzen, ich streckte meine Hand nach Francesca aus und nahm sie, der ganze Ort begann aufzutauen und warm zu werden. Als wir aus der Kammer herauskletterten, schmolz auch draußen alles, Eis und Schnee wurden zu Matsch, die Sonne kam und schien warm. Wir sahen eine Schar Vögel in einer Formation am Himmel über unseren Köpfen fliegen und wußten, daß alles gut werden würde.

Wir gingen auf demselben Weg zurück, den wir gekommen waren. Francesca war von dieser Reise und dem, was dabei geschehen war, begeistert. »Ich kann meinen Körper spüren! Meine Brust ist wieder warm! Meine Schultern! Ich fühle mich viel jünger und leichter!« Sie sah jetzt viel sanfter aus und verstand, daß die Schwierigkeiten nicht nur im Nicht-Annehmen-Können bestanden, sondern darin, daß sie selbst eingefroren war, und als sie ihre Kleider ansah, die silbergrau waren, lachte sie laut. Sie erkannte die Ironie, die darin lag. Ihr abschließender Kommentar war: »Nie wieder eine Eisfrau sein!«

6
Tanz und Trancetanz: ein Tor zur Heilung

Wenn ich sprechen kann, kann ich auch singen,
wenn ich gehen kann, kann ich auch tanzen!
Afrikanisches Sprichwort

Dieses Sprichwort sagt nichts darüber aus, daß man schön genug singen oder dabei jeden Ton richtig treffen müßte! Unsere Ahnen sangen und tanzten auf diesem Planeten, um sich mit dem Geistigen zu verbinden und heil zu werden, um sich selbst auszugleichen und um zu feiern. In Afrika, Amerika, Indien, im Fernen Osten, in Europa und Australien haben die Menschen schon immer gesungen und getanzt. Denken Sie an die unglaublichen Tanz- und Trommelrhythmen Westafrikas, das Wirbeln der persischen Derwische, die herrlichen Kostümtänze der Indianer, die Maskentänze Balis, an die Candomblé- und Umbanda-Trancetänzer aus Brasilien, die Gnawas aus Marokko, an Tai-chi, die tanzähnliche Kampfkunst des Fernen Ostens, die Eskimos, die Huichol der Sierra Madre in Mexiko usw. Tanzen ist eine wichtige Methode, um einen veränderten Bewußtseinszustand zu erreichen, um über die Grenzen des Alltagsbewußtseins hinauszugelangen und seine eigenen Grenzen zu berühren. Tanzen hilft uns dabei, voll in den Körper zu kommen und unseren Körper zum Geist zu bringen.

Auf dem Weg des Schamanen heißt es, daß wir Geistwesen sind, die lernen, wie man in einem Körper lebt, der uns von

Mutter Erde geschenkt wurde. Darum sind wir hier – um zu lernen, in einem Körper zu leben und uns selbst zur Ganzheit zu bringen: Körper, Seele, Emotionen und Geist in Harmonie und Balance zu bringen. Wir haben den Körper nicht, um ihn zu verlassen oder ihm zu entkommen, indem wir »spirituell« oder religiös werden. Wir sind hier, um zu lernen, in der Materie zu sein und Materie und Geist zusammenzubringen. Tanzen ist der beste Weg, das zu tun, und es ist seit 40.000 bis 50.000 Jahren Teil der menschlichen Kultur, vielleicht auch schon viel länger.

Aufwärmübungen

Es ist von äußerster Wichtigkeit, sich vorzubereiten, bevor man einen Trancetanz beginnt. Machen Sie als erstes Dehnübungen, und wärmen Sie die Muskeln und Gelenke an. So bekommen Sie später keine Schmerzen wegen verzogener Muskeln. Es gibt eine Reihe von kurzen Partnertänzen, die dazu verhelfen, alles, was tagsüber geschehen ist, hinter sich zu lassen und besser ins Hier und Jetzt zu kommen. Hier einige Übungen, die ich bei schamanischen Tanzgruppen verwende:

Tanz in die vier Himmelsrichtungen

Nehmen Sie das Totemtier (siehe 3. Kap.) für jede einzelne Himmelsrichtung, die Schlange für den Süden, den Jaguar für den Westen, das Pferd für den Norden und den Adler für den Osten. Das sind die typischen Inkatotems. Stellen Sie zu einer passenden Musik das Totemtier fünf bis zehn Minuten im Tanz dar, und bitten Sie die Energie, bei Ihnen zu sein und durch Sie zu tanzen.

Tanz der vier Elemente

Tanzen Sie die Eigenschaften des Wassers (Süden), der Erde (Westen), des Windes (Norden) und des Feuers (Osten). Wählen Sie eine passende Trommel- oder andere Musik, tanzen Sie jedes einzelne Element, und laden Sie das Element ein, bei Ihnen zu sein und mit Ihnen zu tanzen.

Tanzen Sie die Eigenschaften der Richtungen und auch den Kampf zwischen ihnen und ihren Feinden. So entsteht ein sehr interessanter Tanz: Tanzen Sie die Angst gegen das Vertrauen (Süden), die Faulheit gegen die Innenschau (Westen), die Klarheit (Allwissenheit) gegen die Weisheit (Norden) und die Kraft (und deren Mißbrauch) gegen die Erleuchtung (Osten). Wählen Sie passende Rhythmen aus, und tanzen Sie jede Sequenz für fünf bis zehn Minuten oder auch länger, wenn es die Gruppe aushält. Es ist einfach, Tänze wie diesen aus den Beschreibungen des Medizinrades im 3. Kapitel zu entwickeln.

Klang wird Bewegung

Bringen Sie die Gruppe in der Mitte des Raumes zusammen, und beginnen Sie mit einem langen Ton, bringen Sie andere Töne hinzu, bis es zu einem freien Ausdruck der Gruppenstimme kommt. Spielen Sie dann leise die Trommeln oder die Musik ein, und lassen Sie den Geist des Tanzes die Sache übernehmen. Das geht am besten bei Kerzenlicht. Es kann ziemlich lange dauern und die Teilnehmer viel tiefer beeindrucken, als man zunächst vermuten mag.

Den inneren Rhythmus finden

Während jeder seinen eigenen Tanz ohne Partner tanzt, stellen Sie die Musik langsam leiser, bis es ganz still geworden ist, und bitten Sie die Teilnehmer dann, nach ihrem eigenen, inneren Rhythmus mit einem Partner weiterzutanzen. Lassen Sie sie bald darauf den Partner wechseln und mit einer Reihe von anderen Partnern tanzen, bis sie schließlich die Partner so schnell und häufig wechseln, daß sie nur noch kurz interagieren und sich weiterbewegen. Der Raum kann sich wie eine einzige pulsierende Energie anfühlen, wenn jeder jeden kurz »berührt« und wenn wir zulassen, daß die Bewegung des anderen auch uns berührt. Spielen Sie dann langsam die Musik wieder lauter ein.

Blinder Tanz

Diese Übung kann man gut machen, bevor man mit dem eigentlichen Trancetanz beginnt, denn man bekommt dadurch Vertrauen, mit geschlossenen Augen zu tanzen. Jeder sucht sich einen Partner. Ein Partner wird zum Führer, der andere schließt die Augen und tanzt blind im Schutze seines Partners. Am besten hält man sich an einer oder beiden Händen, wenn man anfängt zu tanzen. Der Führer leitet seinen Partner und/oder schwingt ihn im Kreise.

Die »Welle« der fünf Rhythmen

Gabrielle Roth, eine bekannte Schamanismuslehrerin, nennt ihre Art zu tanzen »die Welle« der fünf Rhythmen. Die erste Bewegung besteht im »Fließen« – wie Wasser, leicht und doch zielstrebig, weiblich, zurückhaltend, aber nicht schwach. Dann kommen mehr Kraft und eine deutliche Absicht hinzu: Die zweite Bewegung, »Staccato«, ist männlich, fordernd, zweckgerichtet, stark und kraftvoll. Das wird dann immer stärker und stärker, solange bis es zu dem Punkt kommt, an dem die Energie nicht länger gehalten werden kann und ganz natürlich ins »Chaos« mündet, welches die dritte, ganz wilde

Bewegung ist. Das dauert solange, wie Energie da ist, dann wandelt es sich langsam zum »Lyrischen«: leicht und entspannend, beruhigend, die Bewegung danach, wenn man den Körper kaum noch spürt, ein so leichtes Fließen, als ob man selbst der Fluß sei, ein Tanz, der den Tänzer bewegt, mit unbegrenzter Energie, gelockertem Körper, einem Lächeln auf dem Gesicht. Dann wird alles ganz langsam bis hin zur »Stille«, der letzten Bewegung, man spürt die Lebenskraft, die Existenz, das Dasein – nichts und alles zu gleicher Zeit.

Die »Welle« ist wie ein orgasmischer Kreislauf: Das »Fließen« ist wie das Vorspiel, es zieht die Energie aus dem Verborgenen heraus, schürt das Feuer, regt den Wind der Libido an. Dann verlangt die Energie danach, sich selbst auszudrücken, sie wird zur »Staccato«-Bewegung, übernimmt das Kommando und steigert sich auf das unvermeidliche »Chaos« zu, wird immer schneller, fordert weiter ihren Ausdruck, bis sie den Orgasmus erreicht und das glorreiche »Chaos« regiert. Ein guter, langer »Chaos«-Tanz ist wie ein vielfacher Orgasmus in Bewegung. Dann das »Lyrische«: Es ist beruhigend, langsam und leicht, die Zeit der Nicht-Zeit, wenn der Körper leer ist und dem Geist Platz macht und der Tanz den Tänzer tanzt, der Geist sich innen bewegt, bis die Stille der gesunden Erschöpfung eintritt und der Herzschlag der Existenz alles ist, was übrigbleibt.

Indianischer Langtanz

Das ist buchstäblich ein langer Tanz! Er kann die ganze Nacht andauern – denn nachts ist die beste Zeit, die normalen Sinne abzuschalten und sich den feinstofflichen Reichen zu öffnen –, oder er kann ein kurzer Langtanz sein, dann dauert er einen Abend lang, etwa vier Stunden. Die Hauptsache ist, daß man immer und immer wieder in Richtung des Sonnenlaufs im Kreise herum tanzt, meist um ein Feuer, mit Trommlern, die mit ihrer Energie einen heiligen Raum schaffen. Dadurch kommt man in eine Magie hinein, in der der Tanz den Tänzer tanzt, bis vielleicht der Tänzer ganz im Tanz verschwindet.

Die Macht des Langtanzes wird im folgenden magischen Geschehen gezeigt. Es geschah vor über zehn Jahren bei einem meiner Silvester-Workshops in Grimstone Manor in Devon, wo mein Freund Kenneth Meadows eine schamanische Reise machte. Er bekam eine Laterne gezeigt, deren Licht die Menschen aller Kulturen und Traditionen dazu befähigte, ihre innere Schönheit und den Weg der Erfüllung zu finden. Diese Laterne leuchtet nun in Form der Bücher auf, die er geschrieben hat.

Kenneth beschrieb mir einen Teil seiner Reise, die, wie er sagte, drei bis vier Stunden lang dauerte:

> Meine Erfahrung wechselte zwischen der gewöhnlichen Realität, in der wir um das Feuer tanzten, trommelten und rasselten, und der außernormalen Wirklichkeit, die doch ganz wirklich war. Während der Phase des normalen Bewußtseins unterbrach ich das Tanzen und machte mir Notizen über das, was ich im anderen Bewußtseinszustand erlebt hatte. *(Offensichtlich hatte ich nicht die richtigen Anweisungen gegeben, denn während der Zeremonie war es eigentlich nicht erlaubt zu schreiben!)* Bald entdeckte ich, daß ich in Versen geschrieben hatte, obwohl ich zuvor noch nie Gedichte geschrieben oder versucht hatte zu reimen.
>
> Auch in der anderen Realität gab es ein Feuer, in das die Tänzer hineinwarfen, was sie trugen. Mir wurde telepathisch mitgeteilt, daß den Flammen heilige Lehren geopfert wurden, die nur vom Feuer des Geistes wiedergewonnen werden konnten. Ich sollte einen Stock aufheben und ihn am Feuer anzünden, so daß er zur Fackel wurde. Die Fackel wurde gebraucht, um eine Laterne anzuzünden, die ich anfertigen sollte.

Die Laterne bestand anscheinend aus Büchern, die ich schreiben sollte. Hinterher dachte ich, daß das völlig unmöglich sei. Meine Kenntnisse vom Schamanismus waren zu dieser Zeit sehr begrenzt. Ich dachte, es würde mir schwer genug werden, nur einen kurzen Artikel zu schreiben, geschweige denn ein ganzes Buch! Später versicherte man mir, daß der Lehrer und die Lehren zur rechten Zeit zu mir kommen würden, um all das auszuführen. Und genauso war es, als ich vor mehr als zehn Jahren nach Hause zurückkehrte und zu schreiben begann. Inzwischen sind mehr als eine halbe Million gedruckte Worte daraus geworden. Und es geht immer noch weiter, ich habe inzwischen eine Nahtoderfahrung gehabt und eine Operation am offenen Herzen überlebt – und es gibt noch viel zu schreiben.

Viele der poetischen Worte, die ich während meines Erlebnisses beim Langtanz geschrieben hatte, schienen mir damals kaum einen Sinn zu haben. Das Verständnis entwickelte sich erst allmählich im Laufe der Jahre, während ich an meiner »Laterne« arbeitete und der Sinn dieser Erfahrung sich manifestierte.

Krafttiertanz

So kann man seine Verbundenheit mit seinem Krafttier einüben. Stellen Sie sich in einen Kreis mit den anderen, machen Sie eine Faust, und bewegen Sie sie gemeinsam zum gleichmäßigen Rhythmus einer Trommel oder Rassel auf und ab. Stampfen Sie dann auch im Rhythmus links-rechts-links mit den Füßen auf. Nach zwei bis drei Minuten drehen Sie sich nach links, tanzen Sie im Kreis herum, und rufen Sie Ihr Krafttier an, damit es mit Ihnen tanzt. Wenn es soweit ist, verlassen Sie den Kreis und »tanzen« Ihr Tier mit seinen Lauten. Die Trommel schlägt immer schneller und geht mit der Energie der Tänzer mit, bis man das Gefühl hat, im Dschungel zu sein. Der Tanz dauert solange, wie die Energie ausreicht. Machen Sie dann eine Pause, und tauschen Sie Ihre Erlebnisse mit einem Partner aus.

Sie können auch alleine mit einer Rassel in der Hand tanzen, aber in der Gruppe gelingt das viel besser. Der Tanz kann uns dazu verhelfen, uns mit dem »wilden Mann« oder mit der »wilden Frau« in uns zu verbinden. Michael Harner sagt in seinem Buch *Der Weg des Schamanen:* »Eines wird allen Tänzern klar, daß unter unserem üblichen kulturell bedingten menschlichen Bewußtsein eine universelle emotionale Verbindung zu unserem raubtierartigen Alter ego besteht.«

Feueratem

Das ist zwar kein Tanz, aber es gehört doch hierher, denn es ist eine Methode, um in einen anderen Bewußtseinszustand zu kommen, und kann einem Trancetanz vorangehen.

Legen Sie sich auf den Boden, die Knie sind aufgestellt, und die Füße ruhen flach auf dem Boden. Atmen Sie durch den Mund in den Bauch hinein, stellen Sie sich vor, daß Sie tief bis zum Ende der Wirbelsäule und zum Basischakra atmen. Während Sie die Beckenbodenmuskeln zusammenziehen, stellen Sie sich vor, daß Sie die Luft zum zweiten Chakra hinaufziehen, zum Hara, zwei oder drei Fingerbreit unterhalb des Nabels. Entspannen Sie sich, und atmen Sie aus. Atmen Sie auf diese Weise so lange weiter, bis Sie wirklich das Gefühl haben, diesen Kreislauf zu atmen. Ziehen Sie dann den Atem bis zum dritten Chakra, dem Solarplexus. Wiederholen Sie das so lange, bis Sie das Gefühl haben, daß der Atem wirklich so fließt. Dann gehen Sie weiter zum Herzchakra, so daß Sie jetzt vom Basischakra einatmen, die Beckenbodenmuskulatur anspannen, dann vom Herzchakra ausatmen und alle Muskeln entspannen. Tun Sie das 15 bis 20 Minuten lang, und entspannen Sie sich dann.

Wenn Sie sich wohl dabei fühlen, atmen Sie weiter nach oben hinauf, bis zum Halschakra, dann bis zum dritten Auge und schließlich bis zum Kronenchakra auf dem Scheitel. Das verstärkt den Energiefluß durch den ganzen Körper und ist eine gute Methode, um in Trance zu kommen, oder eine Vorbereitung auf einen Trancetanz.

Trancetanz – Einleitungen

Schütteln

Schütteln Sie Ihren Körper zu einer Musik, die einen wirklich schnellen Rhythmus hat, und zwar so, daß jeder Körperteil sich bewegt. Atmen Sie schnell. Nach fünf bis zehn Minuten ist Ihre Energie angestiegen, und Sie können mit dem Trancetanz beginnen.

Drehen

Wieder mit schneller Musik drehen Sie sich, lassen Sie die Augen offen, aber ohne Fokus. Strecken Sie die Arme aus, und drehen Sie sich herum, aber nur so schnell, daß Sie nicht das Gleichgewicht verlieren. Das Wichtige dabei ist das Drehen und nicht die Trance. Tun Sie das zwei bis drei Minuten lang.

Schmetterlingseinleitung

Stellen Sie sich mit geschlossenen Augen hin, die Füße in Schulterbreite nebeneinander. Heben Sie die Arme seitlich wie ein Schmetterling, der seine Flügel öffnet, hoch, und atmen Sie gleichzeitig durch den Mund ein. Senken Sie die Arme beim Ausatmen, beugen Sie die Knie, und sinken Sie ein wenig nach unten. Beginnen Sie langsam, und werden Sie immer schneller bis zu einem Maximum, das Sie zwei bis drei Minuten lang durchhalten. Lassen Sie dann die Arme langsam sinken, atmen Sie langsamer, und beginnen Sie zu tanzen, lassen Sie sich tragen, wohin es will. Es ist gut, sich die Augen zu verbinden und im Dunkeln zu tanzen und dabei tief nach innen zu gehen.

Atemeinleitung

Diese Übung ähnelt der obigen, aber sie wird nur mit der Atmung gemacht. Die Augen sollten geschlossen und mit einem Tuch verbunden sein. Atmen Sie tief durch den Mund in den Bauch hinein und sofort wieder aus. Wie beim Rebirthing ist der Atem »verbunden«, so daß es keine Pause zwischen dem Ein- und dem Ausatmen gibt. Lockern Sie den Körper, stellen Sie die Füße fest auf den Boden, die Knie sind leicht gebeugt, die Füße stehen in Schulterbreite nebeneinander und parallel, Schultern, Arme, Hände sind entspannt, der Kopf hängt und pendelt leicht von Seite zu Seite. Atmen Sie allmählich immer schneller, und tun Sie das drei bis fünf Minuten lang, bis es einen deutlichen Energieschub gibt. Dann beginnt die Musik, und Sie können mit dem Tanzen anfangen.

Seien Sie vorsichtig! Der hochenergetische Trancetanz ist nicht geeignet für Menschen, die an Epilepsie, Kreislauf- oder Herzproblemen leiden. Auch bei Schwangeren oder psychischen Störungen ist er nicht geeignet. Er ist gut für nette, normale Neurotiker!

Der Trancetanz

Dem westlichen Menschen fällt es sehr schwer, seinen Kopf zu vergessen und sein kontrollierendes Ego abzuschalten. Wir sind alle ein Volk von »Kontrollfreaks« und haben schreckliche Angst davor, den Geist in uns hineinzulassen und uns von ihm dahin tragen zu lassen, wohin er will. Wir haben entsetzliche Angst vor dem Willen des Geistes und versuchen immer, unseren erschrockenen kleinen Willen dagegenzusetzen. In der afrikanischen Tradition und in vielen anderen Kulturen wird schon jahrhundertelang mit der Besessenheit durch Geister gearbeitet; wir hingegen haben gelernt, uns davor zu fürchten, größtenteils deshalb, weil unsere Religion sich vor »Gott« fürchtet und kein Verständnis für Besessenheitszustände hat, denn sie identifiziert sie mit dem »Bösen«. Die sogenannte »Geistbesessenheit« geht mit einem Verlust des Ego einher, und das ist anfangs ein erschreckendes Phänomen. Um in die Welt der Geister einzutreten, müssen wir nämlich unser Ego hinter uns lassen und mit ihm auch sein Bedürfnis nach Kontrolle. Wenn eine Kultur behauptet, daß Kontrolle gut (Gott) ist, dann sagt sie damit in Wirklichkeit aus, daß das Ego gut ist. Daher gilt es als »böse«, wenn man losläßt und den Geist die Kontrolle übernehmen läßt – eine außergewöhnliche Umkehrung der Wahrheit.

Wenn wir all unsere Kontrolle aufgeben, wenn wir für eine Weile das Herz über den Kopf regieren lassen, wenn wir die rechte Gehirnhälfte über die linke Gehirnhälfte herrschen lassen und nicht mehr versuchen, alles zu erklären, dann können wir das Leben, das Universum und alles, was ist, in einem völlig anderen Licht sehen. Der Trancetanz ist ein sehr wirksames Mittel, um in diesen Raum zu kommen, und er gehört zu den ältesten Methoden auf unserem Planeten. Trommel und Tanz sind so alt wie die Menschheit selbst.

Um den Teilnehmern zu Beginn des Tanzes dabei zu helfen, aufrecht stehenzubleiben, halte ich es für sinnvoll, wenn vier Helfer den Tanzenden umgeben und nicht nur einer. Ihre Aufgabe ist es, den Tanzenden so zu beschützen, daß er sich wirklich vertrauensvoll dem Geist des Tanzes anvertrauen kann. Sobald er die Balance verliert, können ihn die Helfer so schnell wie möglich wieder in eine aufrechte Position bringen.

Der Trancetanz setzt sich aus vier Phasen zusammen: Einleitung, Tanz, Entspannung und Integration. In einer gewissen Art gleicht der Trancetanz einer Visionssuche.

Die erste Phase (Induktion)

Um den Tanz zu beginnen, schließt der Tanzende seine Augen, macht einige tiefe Atemzüge und fühlt den Schlag der Trommel. Der Leiter hält den Hinterkopf des Tanzenden mit einer Hand fest – denn es ist wichtig zu verhindern, daß der Kopf der Person nach hinten fällt –, die andere Hand stützt die Stirn ab. Der Leiter dreht dann den Kopf der Person ein paar Mal leicht herum, zuerst ganz sanft und dann allmählich immer stärker, und zwar so lange, bis sich der ganze Oberkörper aus der Taille heraus bewegt. Anschließend sollte er den Tanzenden im Kreise herumdrehen. Eine gute Trancetanz-Induktion geht bei jeder einzelnen Person etwas anders vonstatten, und Sie müssen durch Versuch und Irrtum lernen, was bei jedem Teilnehmer zu tun ist. Bei einigen Menschen hilft eine tiefe, aber kurze, keuchende Atmung, sie in eine andere Realität durchbrechen zu lassen. Ich ziehe es jedoch vor, leicht zu beginnen und die erste Phase nur bei den erfahreneren Tänzern zu vertiefen.

Der Tanz selbst

Die Tanzenden bilden einen großen Kreis und nehmen allen verfügbaren Platz in Anspruch. Ein Tänzer tritt nach vorne, um in die Tanztrance versetzt zu werden, und vier Helfer treten zu ihm, die sich um ihn kümmern sollen. Wenn diese Person dann in Trance tanzt, kann der nächste Tänzer in einem anderen Teil des Raumes eingeführt werden; das geht so lange weiter, bis vier oder fünf, möglicherweise auch sechs Teilnehmer gleichzeitig tanzen. Die Zahl hängt von der Größe des Raumes und der Anzahl der Teilnehmer ab. Der Trommler beobachtet die Tänzer und geht dorthin, wo die Energie am stärksten ist. Manchmal, besonders wenn er sich die Trommel umhängen kann, geht er umher und trommelt direkt zwischen den Tänzern. Das wirkt wunderbar, und es ist ein unglaubliches Gefühl, im Energiefluß zu sein und sich in die Ekstase trommeln zu lassen!

Der erste Teil des Tanzes gerät oft wild und unharmonisch, die Tanzenden haben dann Schwierigkeiten aufrecht zu stehen, und die Helfer müssen alles tun, damit die Tänzer nicht zu Boden fallen, denn das kann die Trance unterbrechen. Allmählich stabilisiert sich der Tanz, die Trance vertieft sich und bringt die Person zu immer neuen Erfahrungen. Nach einiger Zeit werden weniger Helfer gebraucht, so lange bis vielleicht ein einziger ausreicht. Einige Tänze dauern eine lange Zeit, andere haben mehr Energie und enden schneller. Hier gibt es kein Richtig oder Falsch, beachten Sie den Ruf des Geistes, und lassen Sie sich vom Tanz tanzen. Der Tanz kann Sie zur Oberwelt des Lichtes bringen und hin zu dem Gefühl, ganz über sich selbst und über die üblichen Grenzen hinauszuwachsen. Er kann Sie auch in die untere Welt führen, zu unterdrückten Gefühlen und blockierter Energie, die normalerweise geklärt werden muß, bevor man in transzendente Zustände gehen kann.

Die Erfahrungen der Tänzer

Hier sind die Erlebnisse einiger Tänzer:

> Zu Beginn spürte ich eine riesige Energiequelle – so als ob ich abheben und wegfliegen könnte. Ich spürte das Potential einer unglaublichen Befreiung in mir und Freiheit der Bewegung und des Ausdrucks. Gleichzeitig spürte ich, als ich zu tanzen begann, all meine Begrenzungen an die

> Oberfläche kommen, und ich erlebte einen echten Kampf in meinem Inneren, sie gehenzulassen. Etwas in mir wollte es nicht zulassen, und ich fühlte mich dadurch erstickt und gewürgt. Bevor ich wußte, wie, lag ich auf dem Boden und schnappte nach Luft. Leo kam zu mir und sagte: »Laß los.« Ich schrie meine Wut und meine Gefühle des Eingeschlossenseins und der Unfähigkeit, mich selbst auszudrücken, hinaus. Danach zitterte ich zwar, aber ich fühlte mich wie neugeboren und hatte ein echtes Gefühl der Befreiung.

Der erste Tanz trug die Tänzerin zu ihrem unterdrückten Ärger und ihrer Frustration, die erst losgelassen werden mußten, bevor etwas anderes geschehen konnte. Beim zweiten Tanz war sie frei davon und konnte so zur Oberwelt fliegen und dort ihre Befreiung erleben. Sie fährt fort:

> Gelegentlich fragte ich mich, wie ich wohl aussehen würde, und wunderte mich darüber, wie ungewöhnlich es war, sich auf diese Weise zu bewegen – aber meine Aufmerksamkeit war auf mich selbst gerichtet, auf das, was in mir vorging, und das schien mir wichtiger, als wer oder was außerhalb von mir war.
>
> Ich war verblüfft, wie »weit weg« ich war – ich brauchte tatsächlich über eine halbe Stunde, um mich wieder ein wenig wie »normal« zu fühlen. Als ich am Boden lag, fing ich an zu schluchzen, weil ich spürte, daß ich etwas wirklich Besonderes aufgab, wenn ich in mein normales Leben zurückkehrte, in meine beschränkte Persönlichkeit und in mein beschränktes Sein. Als ich mich fragte, weshalb das so sei, machte diese Traurigkeit einer Wut Platz. Ich rollte mich zusammen und dachte über mein Leben nach. Dann dämmerte es mir, daß tatsächlich ich selbst mein Leben so geschaffen hatte, obwohl es mir immer aufgezwungen zu

sein schien – und ich konnte mich jetzt viel freier fühlen, als ich es mir zuvor erlaubt hatte. Ich begann mit großer Freude zu erkennen, daß es in Wirklichkeit keine Trennung gab zwischen dem Zustand, mit dem ich während meines Tanzes in Berührung kam, und meinem Alltagsleben. Das hängt nur von den Einschränkungen ab, die ich mir selbst auferlege.

Eine andere Tänzerin beschreibt ihre ersten drei Tänze. Dies war ihr erster Tanz:

Ich hatte das Gefühl, von etwas übernommen zu werden. Jedesmal, wenn sich die Energie veränderte, fiel ich hin. Obwohl mir bewußt war, was vor sich ging, konnte ich den Tanz oder die Bewegungen in keiner Weise beenden, verändern oder kontrollieren. Gegen Ende des Tanzes, einige Sekunden bevor ich wieder zurückkam, konnte ich Wellen der Liebe spüren, die durch und um mich herum flossen, sie kamen aus den vier Richtungen (der vier Helfer). Ich hatte das Gefühl zu sterben und zu dem Ort zu kommen, an dem all meine verstorbenen Lieben auf mich warteten. Die Liebe war so intensiv – ich war so glücklich, tot zu sein!

Das war ihr zweiter Tanz:

Ich war voller Frieden und konnte sogar ein sanftes Lächeln auf meinen Lippen spüren. Wieder konnte ich nichts kontrollieren oder ändern. Die Energie war dankbar dafür, daß sie hier sein konnte, und schickte Liebe und Segen zu allen Anwesenden und viel Lob zu den Trommlern, weil sie diesen wunderbaren Klangraum schufen. Ich hatte das Gefühl, ganz weit weg zu sein, die Trommeln tönten so schwach und wie in weiter Entfernung.

Dies war ihr dritter Tanz:

> Meine Kehle war sehr trocken. Dann wurde es plötzlich sehr dunkel. Ich glaubte, blind geworden zu sein, und war voller Angst. Nach einigen Augenblicken hatte ich das Gefühl, als ob meine Augen aus Licht gemacht seien – sie waren so voller Licht, daß es mir schwerfiel, sie geschlossen zu halten. Ich erinnere mich nicht mehr an den Tanz. Ich fühlte mich großartig.

Man kann die Entwicklung spüren, wie sie sich allmählich daran gewöhnt, dem Tanz selbst zu vertrauen und sich auf alles, was kommt, einzulassen. Im dritten Tanz öffneten sich ihre feinstofflichen Zentren ein wenig, und sie bekam eine Ahnung von ihrem wahren Potential.

Hier ist die Erfahrung einer anderen Tänzerin:

> Eine lange Zeit spürte ich eine sehr schwere Blockierung in meinem Unterbauch und hatte das Gefühl, daß es sich dabei um unterdrückte Emotionen in meinem Körper handelte. Ich hatte zwar Angst, sie loszulassen, und trotzdem bereitete ich mich darauf vor, sie gehenzulassen.
>
> Als ich den Kopf hin und her drehte, bekam ich ein wenig Panik, mein Körper schien sich nur sehr schwerfällig zu bewegen. Nach einer Zeit fühlte ich mich unwohl, in meinem Magen drehte und bewegte sich etwas. Ich hatte das Gefühl, mich übergeben zu müssen. Ich wußte die ganze Zeit, daß ich das alles abbrechen konnte, wenn ich nur wollte, aber etwas ließ mich weitermachen. Es war so, als ob sich etwas in mir verlagerte, und ich schmeckte es sogar auf meiner Zunge, es hatte den Geschmack von etwas Altem. Ich hielt mir den Bauch und bewegte mich weiter. Dann wurde mir etwas leichter, aber mein Körper wurde sehr müde. Ich brach auf dem Boden zusammen,

und man half mir, den Schrei aus meinem Bauch herauszubringen. Meine Kehle war sehr starr, und es fiel mir schwer, all die Spannungen loszulassen.

Nach dem Tanz war ich sehr ruhig und zitterte leicht. In der Nacht schlief ich sehr tief.

Einige Wochen später beschreibt sie ihre nächste Erfahrung.

Diese Erfahrung war sehr angenehm. Ich war frei und hatte das Gefühl zu fliegen. Obwohl meine Augen geschlossen waren, war viel Licht da. Ich vertraute den Leuten um mich herum vollkommen.

Ich konnte die Angst, loszulassen, überwinden und mein kontrollierendes Bewußtsein beiseite schieben und in eine andere Dimension gelangen, die voll von Licht, Farbe, Raum und Trommelklang war. Der Trommelklang schien mich wie ein Wind zu tragen. Ich verspürte ein überwältigendes Gefühl von Freiheit und Leichtigkeit. Manchmal schien es so, als ob mein Körper von ganz alleine tanzte, und trotzdem behielt ich die volle Kontrolle.

Eine andere Frau, die mit paranormalen Techniken vertraut war, hatte folgende Erfahrung:

Ein belebender Tanz, ekstatisch, Tanz mit offenen Augen, weite energievolle Bewegungen, erhebend, springend, wollte fliegen.

Falle mit dem Gesicht nach unten – völlige Entspannung, kann mich nicht mehr bewegen – werde zur Matte getragen, um zu liegen. Tiefe, tiefe, tiefe Entspannung. Fühlte mich in den Armen vom Bär des Westens gehalten.

Fand mich selbst in einer riesigen Höhle – Hunderte von Fackelträgern – brennende Fackeln – wie in einem Mayatempel – gewaltige Stufen führten nach oben. Ich kletterte sie allein hoch und fragte mich, ob ich geopfert werden sollte. Traf eine riesige Figur mit Adlerkopf. Sie fragte, warum ich gekommen sei und was ich wolle. Ich sagte: »Ich will im Reich der Götter tanzen.« Das Wesen trug mich zu einer Steinplatte, auf die es mich hinlegte. Mein Kopf wurde abgeschlagen, und aus meinem Hals flogen Fledermäuse hinaus. Sie flogen in die Dunkelheit des leeren Raums hinein, und ich war eine von ihnen. Dann verwandelte ich mich von einer Fledermaus in eine Krähe. Dann war ich Mensch und Krähe zugleich. Mir wurde gesagt, daß meine Kraft und Energie aus dem Uterus – der Leere – heraus kamen. Dann – nach Art der Krähen immer noch fliegend, aber in menschlicher Gestalt – sah ich mich selbst gebärend, aus meiner Vagina wirbelte Energie, als ob neue Sterne und Galaxien geboren würden – aber ich war mir voll dessen bewußt, daß ich mich selbst zur Welt brachte. Sehr kraftvoll!

Dann kam ich herunter, um wieder in meinen Körper einzutreten. Ich floß an der linken Seite meines größeren Seins hinunter. Als ich zu meinem jetzigen Ich kam, brachte ich viel Ganzheit und Vollständigkeit von meinem größeren Sein mit. Das löste all meine weltlichen Probleme auf, und sie erschienen mir nun ganz unwesentlich.

Bei einem weiteren Tanz erlebte sie folgendes:

... Der Schlag der Trommeln drang in meine Füße ein und bewegte sich nach oben zu meinem Solarplexus. Dann wurde ich tatsächlich selbst zum Klang, es gab keine Trennung. Ich fühlte Momente der Seligkeit und wußte, daß ich zu einer Art Klangwelle geworden war. Aber während die Trommeln weiterschlugen, war es so, als ob ich drinnen gefangen wäre und sie mich nicht gehenlassen würden. Dann wurde der Klang in mir sehr stark, er schmerzte in meinem Bauch, wie ein Tier, das mich in die Seiten biß, aber ich konnte ihm nicht entkommen. Dann wurden Gefühl und Klang so überwältigend, daß ich sicher ohnmächtig geworden wäre, wenn man mir nicht zu Hilfe gekommen wäre.

Eine Woche später konnte sie ihren Tanz selbst interpretieren:

Vor vier Jahren war ich in einer Therapie und hatte dort mit meinen Träumen gearbeitet. Ich hatte einen wiederkehrenden Traum von einem Mann (meinem früheren Chef). Der Traum war sehr lebhaft, aber ich verstand nie, was er mir sagen wollte, obwohl wir des langen und breiten darüber sprachen, was mir diese Person im normalen Bewußtsein bedeutete und was die Träume wohl symbolisieren könnten. Er war immer eine Gestalt, die von Intrige und Angst umgeben war. Im wirklichen Leben war er ein Mann mit heftigem Temperament. Nach dem Trancetanz träumte ich sehr lebhaft von dieser Person. Aber jetzt grüßte er mich, umarmte mich und war mein Freund und Helfer. Als ich erwachte, fühlte ich mich ganz anders – eine Art inneren Frieden und Ruhe, eine andere Qualität des Seins. Als ich mich selbst fragte, was das bedeuten solle, hörte ich das Wort »wild«. Ich fühlte mich wild und »wölfisch«.

In der darauffolgenden Woche kam ich dreimal ungeplant und ahnungslos in Situationen, in denen ich drei verschiedenen Menschen sagte, was ich von ihnen dachte und wohin sie gehen sollten! Aus meinem Leben heraus!

Lange Zeit habe ich an Depressionen gelitten, die in meinem Fall eine auf mich selbst gerichtete Wut waren. Bis dahin hatte ich meine Wut nie akzeptiert, und ich konnte sie auch nicht auf kreative Art und Weise ausdrücken.

Eine andre Frau hatte beim Tanz gegen Ende ein Erlebnis in der oberen Welt:

> ... Der Trommler begann rasend schnell zu trommeln. Es überkam mich, so wie der Wind ein Segel packt. Ich flatterte mit meinen Armen, um mein Gleichgewicht zu halten, aber schon war ich weiter vom Boden weg als in der Sekunde zuvor. Ich wedelte weiter mit meinen Händen – aber vergeblich. Eine Energie lief durch meinen Körper und bewegte ihn so schnell und leicht. Ich war so aufgeregt und wußte nicht, ob ich lachen oder weinen sollte, aber meine Kehle öffnete und schloß sich gleichzeitig. Ich brachte aufgeregte leise Töne hervor, viel zu leise für den Energiestoß, den ich fühlte, und zu gehemmt für das wilde Schauspiel meiner jetzt wild flatternden Arme und Hände. Meine Kehle tat weh, als ob ich schreien wollte. Aber meine Erziehung und meine Beherrschung ließen es nicht zu ... Ich stand vor einem Tablett mit Kerzen, das in der Mitte des Raumes stand. Meine Augen fixierten die Kerzenflammen, die Kerzen schienen weit zurückzuweichen, während ich gegen alle Gesetze der Schwerkraft hoch aufsprang. Der Auftrieb bei meinem Sprung war so stark, daß ich glaubte von einem Trampolin gesprungen zu sein – die Arme wedelten noch wild, der Hals schmerzte vom Schreien, der Körper leicht wie eine Feder, die Sicht ziemlich trüb. Erregung durchströmte meinen Körper, wie sie sicher ein Kind empfindet, das vor lauter Spannung nicht an sich halten kann ... Je tiefer ich atmete, desto höher konnte ich springen ... Mich selbst so hochzuheben war leicht, wenn ich tief atmete, und plötzlich war das alles vorbei. Ich fing an zu *denken*. Das war verhängnisvoll, und ich fiel mit einem Plumps auf den Boden. In diesem Moment wußte ich, daß ich gedacht hatte, das was ich gerade tat, sei unmöglich – und so war es dann auch!

Vergleichen Sie diese Geschichten mit denen im letzten Kapitel. Es ist interessant zu sehen, wie sich die menschlichen Prozesse ganz ähnlich bei verschiedenen Methoden entfalten.

Ich habe den Trancetanz mit seiner Phase der Einleitung so gut, wie ich konnte, beschrieben. Man muß ihn selbst erleben. Anfangs kann er ziemlich alarmierend wirken. Es ist gut zu wissen, daß viele erfahrene Tänzer sich selbst in Trance versetzen können. Die Einleitung wirkt auf zweierlei Weise, sie hilft dem Tänzer, seine gedankliche Kontrolle zu verlassen und gemeinsam mit dem Schlag der Trommel zu tanzen, und sie kann wie ein Placebo einem schüchternen Menschen eine »Entschuldigung« dafür geben, seine normale Selbsteinschränkung zu verlassen, weil er »angetrieben« wurde!

Die Reaktionen auf den Tanz sind, wie Sie aus den obigen Berichten sehen können, sehr verschieden. Seine Schönheit besteht darin, dem Geist zu ermöglichen, den Tanzenden dahin zu tragen, wohin er es braucht. Und er überläßt es dem Geist, es am besten zu wissen – ohne jede menschliche, besserwisserische Einmischung. Es ist die Aufgabe des Veranstalters, auf die Bedürfnisse der Tänzer zu reagieren und den Ablauf so sicher wie möglich zu gestalten, und zwar im Hinblick auf die Emotionen und die körperliche Sicherheit.

Entspannung

Zur dritten Phase des Trancetanzes, der Entspannung, muß es einen Platz mit genügend Kissen und Decken geben, damit dort bequem etwa ein Drittel bis ein Viertel aller Teilnehmer gleichzeitig ruhen kann. Zeit für die Entspannung ist es, wenn ein Tänzer einfach genug hat. Einige wollen sich vor Erschöpfung niederlegen, andere brechen zusammen, und wieder andere gehen selbst ruhig zur Entspannungsecke. Wenn ein Tänzer da liegenbleibt, wo er gerade ist, müssen vier andere Teilnehmer ihn sanft an Armen und Beinen packen und ihn in die Entspannungszone tragen. In jedem Fall ist es gut, wenn ihm jemand so lange Gesellschaft leistet, wie er will. Es können nämlich viele Gefühle an die Oberfläche kommen, und er kann emotionale Unterstützung brauchen, vielleicht auch nur ein Glas Wasser. Es ist wichtig, daß genügend Leute da sind, um sich um diejenigen zu kümmern, die mit tiefen Emotionen in Berührung gekommen sind. Wenn einer dann ausgeruht ist, kann er sich wieder in den Kreis der Tänzer und Helfer einreihen.

Integration

Wenn der Tanz mit der vierten Phase, der Integration, zu Ende geht, tanzen wir eine Zeitlang sanft und leicht zu einem ganz anderen Rhythmus als dem Schlag der Trommel – vielleicht zu etwas Reggaemusik. Dann setzen sich alle hin und teilen ihre Erfahrungen miteinander, sehen, was sie gelernt haben, und bekommen eine Ahnung davon, wie der Geist uns an diesem Tag bewegt hat. Ich lege großen Wert auf diesen gemeinsamen Erfahrungsaustausch, denn er ist ein wichtiger Bestandteil der Integration, weil er uns ermöglicht, für diese Erlebnisse einen Kontext in unserem Alltag zu finden, Erlebnisse, die sonst für sich allein nur eine sehr bizarre Erfahrung zu sein scheinen.

Ich betone nachdrücklich, daß wir, verglichen mit denjenigen Kulturen, die nicht die Fähigkeit verloren haben, sich direkt mit dem Geist zu verbinden, nur Anfänger auf diesem Gebiet sind. In seinem wunderbaren Buch *Sangoma* erzählt James Hall von seinen Erfahrungen in Afrika. Er machte die volle Ausbildung zum Schamanen und zum Erlangen von »Lidlotis-Geistern« durch, die ihm halfen, wahrzusagen und zu heilen. Gemessen an solchen Erfahrungen sind wir tatsächlich nur unwissende Laien. Vergessen Sie das nicht, und bleiben Sie bescheiden, wie großartig auch Ihre Erlebnisse und Visionen gewesen sein mögen. Viele alte Kulturen auf diesem Planeten tanzten jeden Abend, und die Minianka in Mali tun das auch heute noch. Der Schamanentrommler trommelt die Tänzer in einen Zustand der Ausgeglichenheit und Harmonie. Viele von uns verbringen ihren Abend vor dem Fernseher und glauben vielleicht, daß das allabendliche Trancetanzen eine seltsame Sache sei. Was, frage ich mich, werden unsere Nachkommen einst von uns denken, die wir Abend für Abend träge vor dem Fernseher sitzen?

7
Geschenke aus dem Pflanzenreich

Lassen Sie mich eines klarstellen: »Pflanzenlehrer« sind *nicht* unbedingt dazu nötig, um schamanisch zu reisen oder auf einer anderen spirituellen Reise zum Erwachen zu kommen. Sie werden jedoch seit Tausenden von Jahren von Schamanen als Mittel verwendet, um die Reisen ihrer Lehrlinge zu beschleunigen. Ich würde sie als Katalysatoren bezeichnen. Betrachten Sie das einmal so: Pflanzen geben uns Sauerstoff, Nahrung, Schutz und Medizin, darüber sind wir uns alle einig. Ohne das Pflanzenreich könnten wir und das Reich der Tiere nicht existieren. Pflanzen waren schon vor uns da und haben das ökologische System auf der Erde geschaffen. Von diesem Gesichtspunkt aus ist es vielleicht weniger beängstigend, ihnen zuzugestehen, daß sie auch unser Bewußtsein erweitern können. Dieses Wissen wurde in Europa seit etwa 3000 Jahren unterdrückt.

Pflanzenlehrer sind großartige Helfer für diejenigen, denen es schwerfällt, sich dem Kosmos zu öffnen. Es gibt viele Methoden, um sich zu öffnen, und ich selbst nehme alle Hilfe an, die ich nur kriegen kann! Deshalb habe ich gelegentlich auch die Hilfe von Pflanzen angenommen. Ich nehme jedoch nie Drogen oder experimentiere mit anderen Stoffen herum, die das Bewußtsein beeinflussen. Ich nehme die Pflanzenlehrer nur dann ein, wenn ein Meister dieser Pflanze dabei ist und mich leitet. Auf diese Art und Weise fühle ich mich in Sicherheit.

Es gibt viele Pflanzenlehrer, die benutzt werden, um die Sinne zu öffnen und die fixe Idee einer äußeren, real erscheinenden Welt aufzubrechen. Peyote wird hauptsächlich in Nord- und Mittelamerika verwendet. Der San-Pedro-Kaktus wird von den Inkas an der Küste und in den Bergen Perus verwendet. Ayahuasca ist die Dschungelmedizin des oberen Amazonas. Der Fliegenpilz wird in Lappland und in der Arktis gebraucht und ist mit dem Mythos des Weihnachtsmannes verbunden. Psylocybin wächst überall in England und anderswo. In der ganzen Welt gibt es viele, viele andere Pflanzen, die dieselben Geschenke bringen, wenn man sie nur richtig gebraucht.

Das Essen von Pflanzenlehrern hat einen sakramentalen Aspekt. Der südamerikanische Schamane Numi drückte es so aus: »Ayahuasca ist eine Art Kommunion, so wie der Wein Christi. Es ist ein Opfer des Pflanzenreiches.«

Meine erste Reise in die Wildnis

Ich hatte mein erstes Erlebnis mit Pflanzenlehrern im August 1980 während meiner Reise durch die Sierras, die ich in der Einführung erwähnt habe. Ich fuhr von meinem Wohnort San Francisco nach Bishop in Ostkalifornien, um mich dort mit einer Gruppe von Leuten zu treffen und auf meine allererste Reise in die Wildnis zu gehen. Mein Unbewußtes hatte anscheinend einige Vorkenntnisse von dem, was mich dort erwartete, die ich selbst nicht hatte, denn ich schlief immer schlechter, je näher der Zeitpunkt kam, und ich stellte meine eigene Verrücktheit in Frage, die mich zu einer solchen Reise angetrieben hatte. Wollte ich das wirklich? Lohnte sich die ganze Mühe? Es hatte viele Anstrengungen gekostet, alle Sachen zusammenzutragen, die ich brauchte, und ich hatte mir einen Rucksack und einen Schlafsack von einem lieben Freund geliehen.

Ich traf die Gruppe auf einem Parkplatz auf 3000 Meter Höhe, einige Kilometer außerhalb der kleinen Stadt Bishop. Da waren sie – sie sahen aus wie eine kunterbunte Gruppe von zwölf gewöhnlichen Wanderern. Die Leiter Robert Greenway und Steve Harper waren warmherzige und freundliche Menschen. Als erstes mußten wir uns auf das absolute Minimum an Gepäck beschränken. Die Wanderung zu dem Tal, in dem wir kampieren sollten, dauerte drei Tage, und wir mußten unsere ganze Verpflegung selbst tragen. Das bedeutete, daß es wenig Platz für anderes gab. Gut, ich bin ein bißchen wie ein Hamster und neige dazu, für alle Eventualitäten ausgerüstet zu sein. Aber jetzt blieb kaum noch Platz, nachdem ich meinen Anteil an der Verpflegung eingepackt hatte, und ich mußte mich darauf einstellen, diesen Sack die ganze Zeitlang auf meinem Rücken herumzuschleppen. Ich mußte wirklich lernen, mit dem Allernötigsten auszukommen. Wir zogen uns so an, daß wir je nach Wetter etwas an- oder ausziehen konnten, alles andere war nur zusätzliches Gewicht. Endlich hatten wir auch das geschafft. Drei Viertel von dem, was ich mitgenommen hatte, lag wieder im Auto. »Wir werden heute nacht hier schlafen, denn es ist zu spät, um weiterzugehen«, sagte Robert. Hier, dachte ich, auf dem Parkplatz? Auf diesem harten Boden?? Ein paar Kilometer weiter gab es ein Motel mit weichen Betten am Weg! Mit Mühe brachte ich es fertig, meinen Mund zu halten und nicht zu sagen: »Wir sehen uns morgen wieder!«

Beim Essen sagte Robert: »Natürlich gehört auch eine dreitägige Visionssuche zu dieser Reise.« Eine Visionssuche? »Und in der letzten Nacht feiern wir ein Peyoteritual. Wir bauen eine Schwitzhütte, sobald wir in unserem Lager sind.« Diese leichte, nette Reise verwandelte sich schnell in etwas vollkommen anderes. Peyote? Alles, was ich über Peyote wußte, stammte aus den Büchern von Carlos Castaneda – wie er unter Einfluß der Pflanze zur Belustigung aller mit einem

Hund herumtollte und wie er später Meskalito, den Geist des Peyote, traf. Gut, wenn es das war, was geschehen sollte, wollte ich mein Bestes tun, um auch Meskalito zu begegnen.

Am ersten Tag wanderten wir etwa 700 Höhenmeter aufwärts, das ist eine lange Strecke bei dieser Höhe und mit mehr als vierzig Pfund Gewicht auf dem Buckel. Es fiel mir sehr schwer, denn ich war schon 44 Jahre alt und hatte noch nie eine solche Wanderung unternommen. Da wir oberhalb der Baumgrenze kampierten, durften wir kein Feuer machen – das bedeutete, daß es keinen Tee gab. Das war eine große Entbehrung für einen Engländer! Aber ich hatte mich ja freiwillig entschlossen zu kommen und betete, daß es mir auch Spaß machen würde! Ich hatte in der ersten Nacht auf dem Parkplatz kein Auge zugetan, und ich schlief auch die darauffolgende Nacht nicht. Ich sah zu, wie die Sterne aufgingen und wie sich die Milchstraße über den Nachthimmel zog. Am folgenden Tag machten wir eine wunderbare Wanderung zum Bishop Paß auf 3.800 Meter Höhe, wir wanderten einen Höhenweg entlang und hatten herrliche Ausblicke, dann stiegen wir etwas tiefer zur Talmündung hinunter. An diesem Abend gab es etwas Warmes zu essen, es gab auch Tee und einen etwas weicheren Boden zum Schlafen. Alles wurde ein bißchen besser, aber ich konnte trotzdem keine Minute schlafen. Am folgenden Nachmittag erreichten wir unser Ziel, ein liebliches Tal mit einem Fluß in der Mitte und einigen herrlichen Bergen vor uns.

Die Visionssuche war eine Offenbarung für mich. Anstatt mich furchtbar zu langweilen oder halb zu Tode zu erschrecken, konnte ich eine neue Beziehung zu Mutter Erde finden – oder eine alte wieder zusammenknüpfen. In der Nacht wurden das Tal und die Berge lebendig für mich, und ich führte ein nettes Gespräch mit einem Hirsch, auf dessen Pfad ich kampiert hatte. In der zweiten Nacht aß ich eine halbe Peyoteknolle. Sie schmeckte ganz abscheulich, aber ich würgte sie irgendwie hinunter. Später schien sich der Berg auf der anderen Seite des Tales zu verwandeln. Seine Form blieb zwar bestehen, aber er schien plötzlich aus Kraftlinien zu bestehen. Es kam mir vor, als blickte ich auf die Windungen eines Transformators – die Sichtweise eines früheren Ingenieurs! Ich konnte große Kraftlinien erkennen, die den Berg zusammenhielten. Ich sah mich in die anderen Richtungen um, aber dort sah alles aus wie sonst, die Vision bezog sich nur auf den Berg. Schließlich muß ich eingeschlafen sein, und am Morgen war der Berg nur ein Berg!

Zwei Abende später kam die Gruppe hoch über unserem Lager auf 3500 Metern Höhe zu einer Peyotezeremonie zusammen. Wir hatten ein großes Feuer aufgebaut, das die Form eines nach Osten weisenden Pfeiles hatte, denn in diese Richtung wollten wir reisen. Peyote wurde teils als Tee, teils in Form von getrockneten Knollen angeboten. Die Zeremonie begann, die Kräfte wurden angerufen, und wir begannen zu singen. Jeder führte der Reihe nach einmal den Kreis mit Singen, Liedern und Rasseln an, während die Person zur Rechten die Wassertrommel spielte. Diese Art Trommel besteht aus einem gußeisernen Topf, über den ein Leder gespannt ist, das feucht gehalten wird. Der Klang kam mir ziemlich mager vor, bis ich merkte, daß er in meinem Kopf genauso laut wie draußen war. Und es machte kaum etwas aus, wie nah oder weit ich von der Trommel entfernt war. Die Wirkung von Peyote, die Wassertrommel, die Rassel, das Feuer und die Gesänge zusammen mit dem Umstand, daß es eine nächtliche Zeremonie war, die von der Abend- bis zur Morgendämmerung dauerte, hinterließen einen tiefen Eindruck.

Ich muß allerdings zugeben, daß ich diese Nacht nicht mit der richtigen Ausgeglichenheit begann. Ich glaubte, wenn es mir gelungen war, mit nur einer halben Peyoteknolle in das Innere der Berge zu sehen, dann würde ich vielleicht tatsächlich Meskalito begegnen oder in das Universum hineinsehen, wenn ich nur genug Peyote einnahm! Natürlich äußerte ich diese Gedanken keinem Menschen gegenüber, denn mir war gesagt worden, es sei sehr wichtig, nur ehrfürchtig zu sprechen, wenn Peyote in der Nähe war, denn sonst könnte der Geist etwas gegen einen haben. Damals schenkte mein rationaler Verstand dem keinen Glauben.

Der Peyotetee wurde zu Beginn der Zeremonie angeboten, und ich trank viel davon. Er schmeckte abscheulich, aber ich würgte ihn hinunter. Dann kamen die getrockneten Knollen an die Reihe. Sie waren zäh wie altes Leder, und je mehr ich davon aß, desto schlechter schmeckten sie. Zu Beginn schmeckten sie scheußlich, dann entsetzlich – jedes zusätzliche Stück, das ich aß, schmeckte immer ekelhafter, brechreizerregender, schauderhafter, ätzender ... und danach wurde es erst richtig schlimm!

Tatsächlich kam ich nicht sehr weit in dieser Nacht. Nach der dritten Gesangsrunde hatte ich das Gefühl, wirklich nach innen zu gehen, vielleicht zu einem neuen Ort des Bewußtseins. Dann plötzlich hatte ich das Gefühl einer riesigen Tür in meinem Kopf, wie die dicke, schwere Tür eines Banktresors, und sie wurde mit einem furchtbaren Krach zugeschlagen. Ich wurde plötzlich in das Alltagsbewußtsein geworfen, und mir war entsetzlich schlecht. Mein Magen fühlte sich an, als ob das Ende der Welt gekommen sei. Es war so kalt, daß ich nicht vom Feuer weggehen konnte, und von diesem Moment an hatte ich eine wirklich entsetzliche Nacht, ich konnte mich einfach nicht erbrechen. Der Morgen schien nie wieder anzubrechen! Am Morgen aß ich etwas Obst zum Frühstück, dann brach ich meine ganzen Eingeweide heraus. Danach fühlte ich mich großartig. Diese Erfahrung war mir eine deutliche Lehre, die Pflanzenlehrer mit äußerstem Respekt zu behandeln und nicht zu glauben, man könne sie einfach nur benutzen, um Macht für sich selbst zu erlangen.

Schamanische Beratung – Drogenabhängigkeit

Eine Freundin schickte mir ihren 17 Jahre alten Sohn zur Beratung. Er nahm Drogen, und um diese Sucht zu bezahlen, arbeitete er als Dealer bei seinen Schulkameraden. Er wurde gefaßt und war in großen Schwierigkeiten. Ich hörte ihm zu, erzählte ein bißchen von meinen Erfahrungen und tat alles, um ihn fühlen zu lassen, daß ich offen und kein »normaler« Erwachsener sei. Ich fragte, was er von den Drogen habe, und er beschrieb eine wunderbare Erfahrung des »Einsseins«, als er zum ersten Mal Drogen genommen hatte – ich glaube, es war Ecstasy. Er beschrieb ein klassisches »Kensho«, ein erstes Erwachen, das Gefühl, in einem lebendigen Kosmos zu leben und ein geliebter Teil davon zu sein und in den Armen des Alles-was-ist gehalten zu werden. Daher nahm er natürlich ein zweites Mal die Droge ein, um diese Erfahrung zu wiederholen, nur diesmal war sie nicht mehr ganz so gut. Er vergrößerte die Menge und versuchte es wiederum, doch es war wieder etwas weniger gut. Er nahm wieder eine höhere Dosis, und jetzt kamen häßliche, erschreckende Visionen. Er nahm sie trotzdem weiter und hatte dann einen richtigen Horrortrip.

Vergleichen Sie das mit einem ersten Besuch bei einem Psychotherapeuten. Nehmen wir an, Sie sind einsam und hilflos, und keiner versteht Sie oder hört Ihnen zu. Ihre Eltern haben Ihnen seit der Pubertät nicht mehr richtig zugehört – eine gar nicht so seltene Situation. Dann gehen Sie zu einem Psychotherapeuten, er hört zu und will wirklich wissen, was Sie denken und fühlen. Es ist das erste Mal in Ihrem jungen Leben, daß Ihnen jemand wirklich zuhört, anstatt Sie nur zu kritisieren! Das kann ein wunderbares Erlebnis sein – wirklich gehört und geschätzt und nicht in lauter kleine Stücke zerlegt zu werden. Wow! In der nächsten Woche gehen Sie wieder hin, und es ist gut, aber nicht ganz so gut wie beim ersten Mal. In der darauffolgenden Woche wird es noch etwas weniger gut ... und dann wird es Woche für Woche immer schwieriger. Wohin ist all der Glanz? Wirkliche Probleme kommen an die Oberfläche, unterdrückte Trauer, Wut und Angst. Genau wie bei einem schlechten Trip! Nur daß Ihnen mit einem Therapeuten ein lebendiges, menschliches Bewußtsein zur Seite steht, das Ihnen hilft und Sie leitet, ein Mensch, der das alles durchgemacht hat und weiß, wie man da wieder herauskommt. Bei einer chemischen Substanz, wie kraftvoll sie auch sein mag, sind Sie nur auf sich selbst angewiesen, wenn unterdrückte, dunkle Emotionen an die Oberfläche kommen, die wie Monster unkontrolliert aus der Tiefe aufsteigen, und Sie sind ganz allein damit.

Pflanzenlehrer sind Geschenke des Pflanzenreiches, die auf heilige Weise genutzt werden sollen, um Wissen über das Universum zu erhalten. Chemische Drogen sind – möglicherweise tödliche – Substanzen und führen zur Selbstdestruktion, wenn sie ohne Sorgfalt und Wachsamkeit eingenommen werden.

Das ist der große Unterschied zwischen natürlichen Pflanzendrogen und synthetischen Drogen aus dem Labor. Mein Freund Howard Charing (siehe 5. Kap.) berichtete mir von einer schamanischen Reise, um dem Geist des Ayahuasca zu begegnen – und er traf tatsächlich einen bewußten Pflanzengeist, der ihm eine andere Realität zeigte. Als er dasselbe mit LSD versuchte, konnte er keinen Geist finden, nur Öde und phantastische Bilder. Ein anderer Unterschied besteht darin, daß nur ein Masochist von Pflanzendrogen abhängig werden kann, denn sie schmecken alle abscheulich, und ihre Wirkung auf den Magen ist alles andere als angenehm.

Es ist eine verrückte Idee, Drogen zur Entspannung zu nehmen. Sie sind nicht zum Spaß gedacht und um auszuflippen, dazu haben sie viel zu ernste Folgen. Ich kenne viele Leute, die erzählten, daß sie durch eine frühe Drogenerfahrung auf einen neuen Weg im Leben gelenkt wurden und ihre starren Glaubensmuster loswurden, aber keiner von ihnen sieht ohne jeden Schauder auf diese Erfahrung zurück. Drogen sind Bewußtseinsbomben. Würden Sie mit Handgranaten jonglieren? Oder mit einer Atombombe Ball spielen? Beinahe alles hat seinen richtigen Platz und bringt, wenn es so genutzt wird, wie es die Natur vorgesehen hat, gute Ergebnisse. Heroin z. B. ist ein Killer, aber Morphium kann – symbolisch gesprochen – Leben retten, denn es befreit von unerträglichen Schmerzen – aber beide haben dieselbe Substanz als Grundlage. Pflanzenlehrer auf heilige Weise in einer heiligen Zeremonie einzunehmen kann ein sehr wohltuendes, bewußtseinserweiterndes Erlebnis sein, das segensreiche Erfahrungen der Einheit mit sich bringt – daß wir alle mit allem verbunden sind, daß die Liebe die Basis von allem Sein ist.

Eines Tages bekam ich einen merkwürdigen Telefonanruf von einem Mann, der in großer Not zu sein schien. Er hatte zu viele magische Pilze gegessen und brauchte einen Spezialisten, der ihm helfen konnte. Da mein Name in den entsprechenden Kreisen bekannt ist, bekomme ich manchmal Anrufe von Leuten, die Hilfe brauchen. Manchmal glauben sie, ich hätte magische Kräfte wie Castaneda. Dieser Mann hatte 250 Pilze gegessen; er hatte das Gefühl verloren, richtig dazusein, und sah Würmer in seinem Essen herumkrabbeln, so daß er fast nichts mehr essen konnte. Er ging selbst zwei Tage lang in eine psychiatrische Klinik, um zur Ruhe zu kommen, und verließ sie dann wieder. Er dachte, ich könne ihm helfen. Ich sprach mit ihm, und heraus kam ein schwerer Schuldkomplex, der zur Selbstvernichtung führte. Er befand sich in einem Zustand von großem Haß auf sich selbst. Es macht mich traurig, daß so viele Menschen glauben, sie könnten von einem solchen Zustand geheilt werden, ohne selbst etwas dazu beizutragen. Die Vorstellung, daß ein Magier oder Schamane eine Krankheit ohne jede Anstrengung von seiten des Patienten heilen kann, ist unverantwortlich. Ich half dem Mann, seinen Zustand zu erkennen und Verantwortung für sich selbst zu übernehmen, dazu gehörte auch der feste Wille, mit den Pilzen oder anderem aufzuhören. Ich arbeitete auch an seinem Energiefeld, um ihn in eine bessere Ausgewogenheit mit sich selbst zu bringen und ihn mit seinem Selbstmitleid zu konfrontieren. Einige Monate später kam er wieder zu mir, zusammen mit einem Onkel, der sich um ihn kümmerte, und er war dabei, sein Leben wieder in den Griff zu bekommen.

Die Liane der Seele

Ayahuasca ist eine Dschungeldroge aus dem oberen Amazonasgebiet. Sie wird aus der Ayahuasca-Liane *(Banisteriopsis Caapi)* und den Blättern der Chacruna *(Psychotria Viridis)* gewonnen. Die beiden ergeben zusammen eine kraftvolle Droge für Visionen. Die Liane enthält Harmala und Harmalin, eine Art MAO(Monoamin Oxidase)-Hemmer, und die Blätter enthalten DMT (N, N-Dimethyltryptamin) – Alkaloide, die Visionen induzieren. Wie bei allen natürlichen Mixturen ist auch diese Pflanze eine Mischung aus vielen Alkaloiden, und das macht ihre Eigenschaften einzigartig. Die Chemie allein kann nicht alles erklären. Peyote enthält z. B. 32 aktive Alkaloide, wenn also nur ein einziges dieser Alkaloide wie Meskalin synthetisch im Labor hergestellt wird, ist die Wirkung nicht die gleiche, auch wenn das manchmal so behauptet wird.

Der Name Ayahuasca kommt von den Quechua-Worten *aya*, das Ahne, Geist oder Verstorbener bedeutet, und *huasca*, was Liane oder Seil bedeutet. Deshalb kennt man sie auch unter den Namen »Liane des Todes« oder »Liane der Seele«.

Ayahuasca ist noch unter vielen anderen Namen bekannt, wie *yaje, caapi, natema, pinde, pilde, daime, mihi* und *dapa*. Es spielt eine zentrale Rolle im spirituellen, religiösen und kulturellen Leben der Indianer und Mestizen des oberen Amazonas, der Ebenen des Orinoco und der Pazifikküste von Kolumbien und Ecuador. In den letzten Jahrzehnten hat sich sein schamanischer und religiöser Gebrauch bis hin in die Städte Kolumbiens, Perus und Brasiliens verbreitet. Man kennt es auch als *La Purga,* weil es als beachtliches Purgativum wirkt, wie ich selbst persönlich erfahren habe. Es führt zu starkem Erbrechen!

Die Liane wird im Regenwald auf heilige Weise gesammelt. Ein Schamane soll angeblich viele Pflanzen finden, indem er auf den »Trommelschlag« hört, der von ihnen ausgeht. Die Lianen werden auf eine verwendbare Länge geschnitten, geputzt und zu Mus zerstampft. Inzwischen werden die Chakruna-Blätter gesammelt und gereinigt. In der Santo-Daime-Tradition der Brasilianer bearbeiten die Männer die Liane und die Frauen die Blätter, sie singen dabei Lieder und Hymnen, denn Santo Daime ist ein christlicher Weg. Die Pflanzen kommen dann in einen großen Topf, und zwar in einem Verhältnis von etwa zwei Teilen Liane zu einem Teil Blätter. Sie werden so lange gekocht, bis eine goldbraune, leicht zähflüssige Brühe herauskommt, die aussieht wie ein schlecht gemachter Kakao!

Es gibt Variationen, die von dem jeweiligen Schamanen oder der Tradition abhängig sind. Manchmal werden anstelle der *Viridis* die Blätter von *Psychotria Carthaginensis* oder *Diplopterys Cabrerana* verwendet. Es hängt sicher mit davon ab, was an einem Ort verfügbar ist. Manchmal wird Tabak dazugegeben und manchmal auch Datura. Ich habe schon ziemlich »süßes« Gebräu, wie z. B. Santo Daime, getrunken – ich sage »süß« in Anführungsstrichen, weil es nie wirklich gut schmeckt, eher etwa so wie verschimmelte Trinkschokolade. Ich habe auch wirklich faulige Brühen getrunken, mit Tabaksaft und Datura, einem sehr giftigen Halluzinogen, ohne daß ich überhaupt genaue Informationen über die Zusammensetzung bekommen konnte. Manchmal werden die Brühen fermentiert, so daß sie besonders faulig schmecken, aber den Schamanen macht das nichts aus, und die Wirkungen sind die gleichen.

Aufgrund der ansteigenden Popularität von Ayahuasca wird es immer schwerer, an echte Pflanzen zu kommen. Der »Fortschritt« verlangt auch hier seinen Zoll. Heute ist es notwendig geworden, die Liane anzubauen und nur von denjenigen ernten zu lassen, die genau wissen, wie man das macht, ohne die Pflanze zu zerstören.

Die meisten schamanischen Traditionen des Amazonas lehren, daß der Geist des Ayahuasca seine Kraft und sein Wissen nur denen übermittelt, die willens sind, sich einer langen und strikten Initiation zu unterziehen, zu der eine strenge Diät und sexuelle Abstinenz gehören. Als ich in Pucallpa in Peru war, erlebte ich eine Ayahuasca-Zeremonie mit Shipibo-Schamanen und traf einen Mann aus New York, der gerade diese Initiation durchmachte, er lebte nach einer salz- und zuckerfreien Diät, bei der er auch noch auf viele andere Dinge verzichten mußte – es blieb fast nichts mehr, was erlaubt war. Er aß fast nur noch gekochte Bananen, eine ziemlich langweilige Speise, weißen Fisch und weißen Reis ohne alle Gewürze. Ich habe diese Diät eine Woche lang im Dschungel ausprobiert, und ich verlor Gewicht, Energie und jegliches Interesse am Essen – und träumte von gebackenen Bohnen auf Toast. Sexuelle Enthaltsamkeit ist bei dieser Diät kein Problem! Man glaubt dort, daß der Geist nur dann etwas von seinem Wissen abgibt, wenn der Schüler diese Bedingungen auf sich nimmt, mehrmals pro Woche Ayahuasca trinkt (durchschnittlich drei- bis viermal) und sich ganz auf seine Absicht, vom Geist zu lernen, konzentriert.

Ich habe eine Heilsitzung mitgemacht, als ich mit Benito und Guillermo Arevalo in Pucallpa war. Ihr Tempel ist der Hof ihres äußerst bescheidenen Hauses, das an einem Dreckweg liegt. Es waren einige Leute vom Ort da und auch welche, die von weither kamen, z. B. aus Lima. Beinahe jeder der Anwesenden trank von dem Gebräu und ruhte dann ungefähr eine Stunde lang, bevor etwas geschah. Die Heilungszeremonie begann damit, daß jeder der Reihe nach vortrat, um von den Schamanen diagnostiziert zu werden, die mit Hilfe des Ayahuasca »sehen« konnten. Sie verordneten Medizin sowie Änderungen der Lebensweise und Ernährung, wenn es nötig war. Mir fiel auf, daß – verglichen mit dem Training der Lehrlinge – hier weniger Wert auf Visionen gelegt wurde, was zeigte, wie sehr der Schamane mit Gesängen, Musik der einen oder anderen Art tatsächlich die Vision einleitet und kontrolliert.

Ayahuasca wird auch als Medizin verwendet. Seine purgierenden Eigenschaften sind nützlich, um Krankheiten auszutreiben und sich von Parasiten zu befreien. Am Morgen danach empfindet man das Gefühl von Reinheit und Leichtigkeit; man erlebt ein schönes Gefühl von Wachheit und Präsenz und nicht einen Kater wie nach Alkohol oder Drogen.

Was ist also der Vorteil von Ayahuasca gegenüber anderen Wegen? Padrino Alex Polari de Alverga, der Leiter der Santo-Daime-Gemeinschaft in Brasilien, sagt dazu:

> Daime (Ayahuasca) ist im Grunde nur eine Abkürzung. Es ist so, als ob wir auf derselben Straße wie alle anderen Menschen gehen würden, aber dann nehmen wir, um schneller ans Ziel zu kommen, eine Nebenstraße. Wenn wir eine solche Abkürzung nehmen, müssen wir jedoch sehr sorgfältig und bewußt vorgehen. Die Abkürzung führt uns zur Wahrheit, aber nur dann, wenn wir den Fußstapfen der Meister folgen, die uns vorangegangen sind.

Drogen wie Ayahuasca können uns auf unserem Weg helfen, aber wir müssen auch selbst etwas dazu beitragen. Ich halte Ayahuasca für einen sehr wertvollen Bundesgenossen, aber wir müssen geerdet und standhaft sein, um mit seinen Kräften umzugehen und um sie weise zu gebrauchen. Gewöhnlich geht der erste Schritt in die Unterwelt, wo wir an den Ort der Verzweiflung und Hoffnungslosigkeit kommen, zu den Schatten unserer eigenen unbearbeiteten Traumen und Schmerzen. Ayahuasca bringt uns dazu, sie zu erbrechen, und zwar buchstäblich und im übertragenen Sinne! Wenn dieser Schritt getan ist, gelangen wir zur Oberwelt, wo wir wunderbare Visionen erleben, in denen wir mit der Schöpfung und ihren zahlreichen prächtigen Formen verbunden sind. (Vergleichen Sie das mit den Schilderungen der Trancereisen und Trancetänze im 5. und 6. Kapitel.) Selbstverständlich pendeln wir zwischen der unteren und der oberen Welt hin und her. Ayahuasca ist ein trickreicher, täuschender Verbündeter. Gerade wenn du denkst, du hast dir alles perfekt zu einer wirklich schönen Reise hergerichtet, geschehen alle möglichen Überraschungen. Ayahuasca ist ein großer Lehrer dafür, wie man »das Unerwartete ohne Erwartung erwartet«!

Ayahuasca-Reisen

Ayahuasca hat sich selbst an mich herangepirscht, wenigstens habe ich das so empfunden. Ganz überraschend erhielt ich an einem Tag im Jahre 1992 einen Telefonanruf eines brasilianischen Anthropologen, der sich einige Wochen in London aufhielt. Er besuchte mich, und wir unterhielten uns drei Stunden lang über das Leben, das Universum und den Schamanismus. Dann erwähnte er, daß er eine Ayahuasca-Zeremonie für einige Freunde veranstalten wollte. Ich wartete nur auf den Moment, an dem ich mich selbst einladen konnte, als er sagte, daß er einen ruhigen Raum suchte, um die Zeremonie abzuhalten. »Ich habe einen Platz«, sagte ich und zeigte ihm mein Eingangszimmer, das ich seit 1983 für Therapien und Zeremonien nütze. Einige Tage später fand die Zeremonie statt. Mein Freund war Mitglied einer Santo-Daime-Gruppe in Brasilien, und die Zeremonie war eine sehr schöne Mischung von christlichen, meist spanischen Gesängen und einer Eingeborenenzeremonie. Die Visionen waren wunderbar, wie ein Gewebe von Blumen, die sich beständig verwandelten. Es war, als könne man in das Gewebe der Schöpfung schauen, das sehr fein, intensiv und farbig war.

Kurze Zeit danach brachten zwei Freunde einen Lehrling von Agustin Rivas, dem peruanischen Mestizenschamanen, mit nach England – und es fand eine zweite Zeremonie in meinem Raum statt. Ich wollte jedoch die Pflanze in ihrem natürlichen Kontext erleben und fuhr daher mit einer Gruppe von Freunden im Jahre 1993 nach Peru, um an einer Expedition in den Dschungel teilzunehmen.

Dschungelreise

Auf meiner Reise nach Peru im Sommer 1993 war ich zuerst drei Wochen mit meinem Freund und Führer Peter Cloudsley in Pucallpa und zuletzt zwei Wochen im Dschungel bei Agustin Rivas. In Pucallpa suchten Peter und ich nach Schamanen, und sie waren auch sehr leicht zu finden. Alles schamanische Lehren ist in diesem Gebiet mit dem Gebrauch von Ayahuasca verbunden. Diese Treffen beginnen etwa um neun Uhr abends, meist am Donnerstag oder Freitag! Ich machte mehrere Zeremonien mit Benito und Guillermo, die ich oben erwähnt habe, mit. Aber ich will nun von einem Erlebnis berichten, das ich mit ihrem Vetter Matteo hatte, der im Nachbardorf San Francisco am Ufer des Yarinacocha-Flußes lebt.

Peter und ich gingen zum Hafen in Yarina und nahmen ein Boot nach San Francisco, einem Shipibo-Dorf, das eineinhalb

Stunden weiter am Ufer des Sees lag. Wir wohnten mit unserem Gast Tomas in einem Haus, das La Perla hieß, am Ufer des Sees. Wir hatten Decken und Anoraks dabei, denn obwohl es tagsüber warm war, blies nachts ein kalter Wind, der »Frio de San Juan«, und es war überraschend kalt. Wir erreichten San Francisco in der Dämmerung und sahen kein Dorf, nur einen Dreckweg, der vom See wegführte. Die Leute vom Boot sagten, wir seien schon richtig hier. Voller Zweifel gingen wir einen halben Kilometer weit und sahen plötzlich oben auf einem Hügel zu unserer Rechten das Dorf liegen. Wir fragten nach Matteos Haus, und einige Kinder begleiteten uns dorthin. Es schien etwas nicht zu stimmen mit dem Haus, auf das sie deuteten und zu dem wir gerade aufstiegen. Ein seltsamer Glanz ging von ihm aus. War Matteo ein Meisterschamane und hatte einen so starken Kontakt zu den Geistern, daß sein Haus glühte? War ein UFO beim Haus gelandet? Als wir näher kamen, konnten wir in dem flimmernden Leuchten sehen, daß Leute auf dem Fußboden im Haus saßen, die alle in dieselbe Richtung blickten. Bald war alles klar. Sie sahen in einen kleinen Schwarzweißfernseher, der von einer Batterie betrieben wurde!

Das Spiel Peru gegen Uruguay war in vollem Gange und dauerte noch zwei Stunden. Wir mußten mit der Zeremonie warten, bis das Spiel zu Ende war. Das ist Fortschritt! (Es endete zwei zu eins für Uruguay.)

Nach dem Spiel ging die Familie ins Bett. Die Häuser der Shipibo, eines Eingeborenenstammes, bestehen aus einem einzigen Raum mit einem großen Dach, drei Seiten sind offen. Der Fußboden ist eine einfache hölzerne Plattform, etwa einen halben Meter über dem Erdboden. Die Familie kletterte unter ihre Moskitonetze, sie schliefen direkt neben uns. An der Zeremonie nahmen nur Matteo, sein Assistent, Peter und ich teil. Matteo nahm eine schäbige Plastikflasche und schüttete etwas von ihrem abscheulich aussehenden Inhalt in eine

Tasse, die er an Peter weiterreichte. Er bot mir die nächste Tasse an, und ich holte tief Luft, sprach ein stilles Gebet und trank. Igitt! Ich schauderte, mein Körper mochte das Zeug nicht. Matteo und sein Assistent tranken die nächste Tasse, vollkommen ruhig, dann legten wir uns zur Ruhe und meditierten etwa eine Stunde lang, bevor der Geist zu uns kam.

Ich erwachte von einem wunderbar sanften Falsettgesang. Er kam von Matteo. Es war sehr kalt, und ich wickelte mich, so gut ich konnte, ein und lehnte mich gegen einen der Dachpfosten. Matteos außergewöhnlicher, wunderbarer Gesang erzeugte in mir Visionen von exquisiten, geometrischen Mustern in herrlichen Farben, die umherflossen und sich beständig verwandelten. An einer Stelle schien sich die Musik in kaleidoskopartige Muster zu verwandeln, und ich »sah« die Töne vor meinem inneren Auge. Mein Magen rumorte von Zeit zu Zeit, aber mir war nur ein wenig übel dabei, obwohl ich mich gegen Morgen völlig entleerte. Dann lag ich, um mich vor dem kalten Wind zu schützen, und hörte Matteos Stimme genau vor meiner Stirn. Es war eine herrliche Erfahrung, die Visionen waren großartig. Ich beobachtete das Kaleidoskop und sah, wie es südamerikanische Webereien produzierte. Ich setzte mich auf, um zu sehen, wo Matteo war, und entdeckte dabei, daß er an einer ganz anderen Stelle zusammengekauert lag. Als ich mich wieder hinlegte, sang er wieder direkt vor meinem dritten Auge. Es fühlte sich so an, als ob er eher *in* meinem Kopf sei als draußen.

Als ich so dalag, kam mein Körper in eine Art leichter Paralyse. Wenn ich mich bewußt bewegen wollte, dann war es möglich, aber wenn ich nur ruhig dalag, waren Teile von mir gelähmt. Später in der Nacht hatte ich ein sehr eigenartiges Gefühl an meinem Solarplexus. Ich fühlte eine unglaublich warme, liebende Verbindung mit dem Universum und allem um mich herum, allem, was existierte, ein unglaubliches Wohlgefühl. Plötzlich erinnerte ich mich, dieses Gefühl vor langer, langer Zeit schon einmal erlebt zu haben: Ich hatte es als kleines Kind erlebt. Ich war nicht alleine, ich war Teil des Ganzen. Alles liebte mich, und ich liebte alles, was existierte.

Später spürte ich einen Druck auf meinem Kronenchakra und dann auf meinem dritten Auge. Ich merkte, daß etwas Heilendes geschah. Dann gingen meine Ohren »zu«, ich bekam Angst, und sie gingen wieder auf. Ich fragte mich, ob ich unabsichtlich etwas verhindert hatte, und dachte darüber nach, wieviel ich noch an meinem Feind, der Angst, zu arbeiten hatte.

Leben ereignet sich

»Das Leben ist das, was geschieht,
während du fleißig deine Pläne machst.«
(John Lennon)

Am frühen Morgen beim ersten Licht kam das Boot, um uns nach Yarina zu bringen. Dort wechselten wir in ein überfülltes Boot, das uns zurück nach La Perla am Seeufer brachte. Ich war ziemlich erfroren und freute mich auf etwas Warmes, auf einen Tee und einen guten Schlaf, als ich ein Paar liebliche, dunkle Augen sah, die mich ansahen. Unter ihnen war ein wunderbar warmes und belustigtes Lächeln. Sie sagte etwas zu mir in Spanisch, und ich war verwirrt, denn mein Spanisch reicht gerade aus, um im Restaurant etwas zu bestellen. Ein Mann, der neben mir saß, übersetzte. »Sie sagt, sie will mit Ihnen ein Kind machen.« Ich sah noch verwirrter aus, denn solche Angebote bekomme ich nicht jeden Tag. »Sie will wissen, wie alt Sie sind«, sagte der Mann. Ich sah sie mir genauer an, eine schöne, junge Frau, teils Quechua, teils spanischer Abstammung. Ich schätzte, sie war halb so alt wie ich. »Siebenundzwanzig«, sagte ich und lachte. »Wie ich«, sagte sie. Diese Unterhaltung fand vor allen anderen Passagieren zu deren großer Belustigung statt, denn alles wurde genau übersetzt. Wir tauschten unsere Namen aus. Sie hieß Birta. Ich griff nach ihrer Hand, und wir hielten uns wie Teenager während der ganzen Fahrt an den Händen, sahen uns in die Augen und unterhielten uns mit Hilfe der netten, öffentlichen Dolmetschermannschaft! Die Reise war bald zu Ende, und Peter und ich stiegen in La Perla aus; sie fuhr weiter bis zum nächsten Dorf. Ich fragte nicht, ob ich sie wiedersehen könne, und wir verließen Pucallpa einige Tage darauf. Ich habe später erfahren, daß sie Lehrerin an der örtlichen Schule und auf ihrem Weg zur Dorfschule war.

Am Ende meiner Reise nach Peru versuchte ich, all diese vielen Lektionen, die ich dort erhalten hatte, zusammenzufügen. Ich war mit der Absicht dorthin gefahren, mich selbst der geistigen Welt zu öffnen, das zu durchbrechen, was meine Fähigkeit, mich mit den feinstofflichen Reichen zu verbinden, blockierte ... vielleicht auch um die Blockaden zu vergessen, die ich in bezug auf Menschen ... auf Frauen habe! Während ich mit meinem wachsenden Bewußtsein beschäftigt war und nur in eine Richtung schaute, hatte das Universum mir meine Unbewußtheit gezeigt, indem es mir eine unerwartete Einladung von jemand anderem servierte, die ich verpaßte. Ich habe, traurig genug, viele Möglichkeiten im Leben verpaßt, weil ich gerade mit anderen Ideen beschäftigt war.

8
Schamanismus heute

Wenn wir das ganze Feld der Selbstentwicklung vom schamanischen Gesichtspunkt aus betrachten, dann befindet sich jeder von uns auf einem Entwicklungsweg. Das gehört einfach zum Leben dazu! Wir sind alle kleine Teilchen des Alles-was-ist, des Großen Geistes, und ein Teil des Großen Geistes geht auf seinem Entwicklungsweg durch die Erfahrungen des dreidimensionalen Lebens. Oder anders gesagt: Der Planet Erde ist Gottes Selbsterfahrungsgruppe!

Wir können sagen, daß Alles-was-ist sich selbst in allen möglichen Lebensformen erfährt, und eine davon sind wir. Um bewußt den schamanischen Weg zu gehen, muß man ein Mensch sein, der auf der Suche nach sich selbst ist und das Universum verstehen will. Es ist ein Lebensweg mit der Absicht, Aufmerksamkeit und Bewußtheit zu entwickeln, sich zu entscheiden, selbstverantwortlich zu sein, um Wissen zu erlangen, mit der Sehnsucht, den »Weg des Herrn« zu erlernen, was nichts anderes als das göttliche Gesetz ist. Oder mit anderen Worten: zu lernen, wie das Universum (Gott) wirklich funktioniert.

Als schamanischer Heiler und Therapeut stellte ich fest, daß beinahe jeder, der mich um Hilfe bittet, in irgendeiner Weise an einem Mangel an Selbstwertgefühl leidet. Die meisten können sich auch nicht »erträumen«, daß sich für sie ein gesundes, zufriedenes und harmonisches Leben manifestiert. Die persönliche Geschichte besteht meist aus Selbstzweifel, dem Gefühl, ungeliebt und wertlos zu sein, und manchmal auch dem Gefühl der Sinnlosigkeit. Diese Gefühle beschreiben die spirituell-emotionale Krise der westlichen Welt. Wir begegnen heutzutage vielen falschen Egos und einer Selbstinflation, nur selten treffen wir auf einen Menschen, der wirklich mit sich im reinen ist, sich in seinem Körper wohl fühlt und eins ist mit sich und seiner Lebensreise.

Heilung ist nicht nur für uns selbst da, denn wir sind alle Teile einer Kultur. Die Kultur aber ist krank, und die einzige Möglichkeit, die Kultur zu heilen, besteht darin, einzelne Mitglieder dieser Kultur zu heilen, und das sind Sie und ich. Ein bereits erwähnter indianischer Spruch lautet: *»Omitaquaye oyasin«*, und er bedeutet: »Für all meine Verwandten.« Er wird traditionell als Gebet gesagt, bevor man die Schwitzhütte betritt, um sich selbst zu reinigen, aber auch bei anderen heiligen Gelegenheiten. Wir sagen: »Ich gehe durch diese Heilung nicht nur für mich selbst, sondern auch für alle, mit denen ich verwandt bin.« Und wer ist das? Es sind meine Blutsverwandten, all meine menschlichen Brüder und Schwestern, meine Verwandten aus der Tierfamilie, der Pflanzenfamilie, der Familie der Steine, der ganze Planet. Ich bin mit allem verwandt, was existiert. Wenn ich aus dem Gleichgewicht bin, deprimiert, traurig, wütend, gewalttätig, dann wirke ich für das Ungleichgewicht, gegen das Leben, für das Böse und brauche Heilung. Wenn ich heile und mich selbst wieder ins Gleichgewicht bringe, wirke ich für das Gute (Gott) und für die Heilung anderer. Meine eigene Heilung trägt bei zur Heilung des Ganzen.

Im Westen vermischt man die Entdeckung des Selbst oft mit einer gewissen Art von Selbstbeweihräucherung. Wenn man jedoch die Wahrheit über sich selbst enthüllen, die alten Wunden und Verletzungen heilen und wieder zu Harmonie und Ausgeglichenheit kommen will, dann braucht man dazu Mut und innere Stärke. Und das ist genau das Gegenteil von Selbstbeweihräucherung.

Unsere alte Ideologie besagt, daß man in der Welt »tätig« sein solle – verändern, bewegen, eine Wirkung erzielen, sich bewahren, berühmt werden, etwas erreichen – und zwar ohne notwendigerweise zu sich selbst zu finden, über sich selbst nachzudenken oder ein inneres Leben zu entwickeln. Mit anderen Worten wird damit ausgesagt, daß man voller Selbstignoranz hinausgehen und die andern verändern solle! Wir können das Ergebnis dieses Verhaltens und Denkens überall sehen, in der Umweltverschmutzung, Naturzerstörung, im unnötigen Konsum, den immer sinnloser werdenden Medien, in der Unterhaltungsindustrie, der Profitgier und der ständigen, erbarmungslosen Dezimierung der Infrastruktur der Erde wie durch eine Bande ignoranter Schwachköpfe.

Betrachten Sie für einen Augenblick sich selbst. Was hat Sie auf den Weg der Selbstheilung gebracht? Waren Sie an einem Punkt der Verzweiflung angelangt? Hat das Leben Sie mit sich selbst konfrontiert und Sie gezwungen, sich schwerwiegende Fragen zu stellen im Hinblick auf Ihr eigenes Leben, Ihren Wert, Ihre Beziehung zu anderen Menschen oder Fragen über die Lage des Planeten? Selten nur betritt ein Mensch den Weg des Lichts, ohne zuvor die Finsternis erfahren zu haben. Bei mir selbst waren es Zeiten tiefer Verzweiflung und Einsamkeit, die mich dazu getrieben haben, etwas Wertvolles im Leben zu suchen.

Im folgenden schildere ich einige klassische Möglichkeiten, mit seinen Problemen fertigzuwerden.

Gewohnheiten

Es gibt eine wunderbare Stelle in Castanedas Buch *Die Reise nach Ixtlan*, in der Don Juan Castaneda gnadenlos wegen seiner Angewohnheiten aufzieht, insbesondere deshalb, weil er regelmäßig ißt, ob er nun Hunger hat oder nicht. Wenn wir unsere Angewohnheiten und Routinen unterbrechen, verhilft es uns dazu, wachsam zu bleiben. Steigen Sie auf der anderen Seite aus dem Bett; fahren Sie auf einem anderen Weg zur Arbeit; essen Sie, wenn Sie hungrig sind, und nicht weil es Essenszeit ist; befassen Sie sich mit anderen gesellschaftlichen Aktivitäten; hören Sie auf den Zwischenraum zwischen den Worten; sehen Sie mehr auf den Schatten als auf den Vordergrund; wagen Sie Veränderungen Ihrer Abhängigkeiten und Angewohnheiten; essen Sie weniger und freuen Sie sich darüber, leichter zu werden; lassen Sie weißen Zucker weg. Wenn wir all diese Sachen machen, kommt emotionaler Müll an die Oberfläche und versucht uns wieder auf den alten Weg zurückzubringen. Rufen Sie den Geist an, um standhaft zu bleiben. Zu erwachen ist weder einfach noch bequem.

Tägliche Übungen

Seien Sie offen für Eingebungen, Ahnungen, Vorzeichen, merkwürdige Begebenheiten, Koinzidenzen, Synchronizitäten. Wenn man keine festen Angewohnheiten hat, kann man von den »Geistesblitzen« – jenen kurzen Augenblicken des Wissens und der Information, die sich einfach so ereignen – leichter erreicht werden. Zeiten der Stille und der Meditation helfen dazu, daß der Geist uns leichter finden kann. Ein zu geschäftiges Leben verhindert das (und ich habe dies viele Male bei einer Vollmondfeuerzeremonie losgelassen, um eine Wandlung zu suchen!). Beten ist ein Weg, um von sich aus mit dem Geist zu sprechen. Es ist gut, sich für beides Zeit zu nehmen – aber nur wenn der Geist Sie berührt, und nicht aus Gewohnheit. Außer natürlich dann, wenn Sie ein unordentlicher Mensch sind, der ein unregelmäßiges Leben führt und dem es schwerfällt, bei einer einzigen Sache zu bleiben. In diesem Falle müssen Sie, um Ihre Gewohnheiten zu ändern, feste Gewohnheiten einführen.

Schamanische Reisen

Wenn Sie einmal gelernt haben, vielleicht auf einem Workshop, schamanisch zu reisen, sollten Sie dies auch zu Hause häufig tun, um Ihre Verbindung und Kommunikation mit der Unter- und Oberwelt zu verbessern. Ein kleiner Kassettenrecorder mit Kopfhörer und eine Kassette mit schamanischen Trommeln sind dabei von Nutzen. (Howard Charing und ich haben eine solche Kassette herausgebracht (vgl. Adresse im Anhang des Buches.)

»Starren«

Alle Fernseh- und Radiostationen senden genau dahin, wo Sie gerade sind, aber Sie hören oder sehen sie nur dann, wenn Sie Ihren Radioapparat oder Ihren Fernseher einschalten und richtig einstellen. Alle organischen, lebenden Wesen besitzen eine elektromagnetische Aura, ein Energiefeld, aber man sieht es nur dann, wenn man seinen Bewußtseinszustand verändert (das heißt, seinen Apparat einschaltet und einstellt!). Wir sehen nur einen kleinen Teil der Lichtfrequenz und hören nur einen kleinen Teil der Tonfrequenzen. Wir sind nicht einmal in der Lage, ultraviolettes oder infrarotes Licht zu sehen. Wissenschaftliche Materialisten pflegen zu sagen, daß etwas nicht existiert, wenn man es nicht sehen, hören oder fühlen kann. Mag sein, das *»Starren«* oder »Gaffen« (Cantaneda) ist jedenfalls eine gute Möglichkeit, seine Wahrnehmung über diese Grenzen hinaus zu erweitern. Sehen Sie auf den Schatten, hören Sie auf den leeren Raum zwischen den Tönen, lassen Sie Ihre Augen unfokussiert sehen, wenn Sie mit Menschen zusammen sind, starren Sie an ihnen vorbei und sehen hinter sie. Diese Übung ist eine große Chance für Wissenschaftler, Materialisten, Workaholics und Kontrollfetischisten!

Etwas für andere tun

Helfen Sie anderen. »Praktizieren Sie wahllose Güte und unsinnige Taten der Schönheit!« wie es ein Dichter sagte.

Obwohl es Methoden gibt, für sich allein zu arbeiten, ist der schamanische Weg ein Weg, der mit einem Lehrer und einer Gruppe begangen wird. Er kann nicht im Fernstudium erfolgen! Wir brauchen dazu Lehrer – Menschen, die diesen Weg vor uns gegangen sind –, und wir brauchen Gefährten auf der Reise, die unsere Spiegel sind, die uns das spiegeln, was wir selbst nicht sehen, auch wenn es nicht immer dasjenige ist, was wir sehen wollen.

Fragen

In diesem Abschnitt will ich versuchen, einige typische Fragen zu beantworten:

Ist Schamanismus eine New-Age-Religion?

Nein, es ist überhaupt keine Religion. New Age? Schamanismus ist 40.000 bis 50.000 Jahre alt! Es ist viel richtiger zu sagen, daß die alternative Szene und das sogenannte New Age ein Wiederaufleben des Schamanismus sind!

All diese New-Age-Spiritualität scheint voller »Do it yourself«-Vorstellungen zu sein. Wie kann ich das alles glauben?

Natürlich ist es »Do it yourself«! Alle echte Spiritualität ist »Do it yourself«! Wenn Sie es nicht selbst tun, dann tut es jemand anders für Sie, und das bedeutet, daß Sie keine Verantwortung für sich selbst übernehmen! Spiritualität ist eine Suche nach Wissen durch Erfahrung, eine dauernde Erforschung der geistigen Welt, des Wirkens des Universums, des Geistes Gottes. Sie sind die einzige Person, die das für Sie tun kann. Es geht dabei nicht darum, irgend etwas zu glauben, es geht darum, Wissen zu erwerben und aus seinen Erfahrungen zu lernen.

Was ist Ihr spiritueller oder religiöser Glaube?

Wie ich in diesem Buch erklärt habe, tue ich mein Bestes, um *Wissen* zu erwerben und keinen Glauben. Diese Frage hat jedoch meist einen Nebensinn, der zwischen den Zeilen zu hören ist: »Glauben Sie dasselbe wie ich, so daß wir einander unsere bequemen Vorurteile bestätigen können, oder glauben Sie etwas anderes als ich, und in diesem Fall beweise ich Ihnen, daß Sie unrecht haben!« Diese Frage läßt eher vermuten, daß der Fragende in einem dogmatischen Glaubenssystem steckengeblieben ist, als daß er offen die Wahrheit sucht.

Warum arbeiten Sie mit indianischen und anderen fremden Methoden? Welches Recht haben Sie, diese zu lehren, wenn sie nicht aus Ihrer Kultur sind?

Als erstes bin ich Bürger des Planeten Erde! Das ist meine Kultur. Zweitens – gehen Sie nur weit genug in der Geschichte zurück, und alle meine Vorfahren – und auch Ihre – haben in schamanischen Kulturen gelebt. Und nur weil ein Volk an einem bestimmten Platz auf der Erde lebt, bedeutet das nicht, daß es schon immer dort gelebt hat. Wer sind die Engländer? Eine Mischung von Angeln, Sachsen, Römern, Wikingern, Galliern und Kelten – und das ist nur der Anfang. Die nordamerikanischen Indianer stammen teils von den Mongolen, teils von den Mayas, Azteken und anderen Stämmen aus Mittel- und Südamerika ab. Einige Kelten emigrierten vor sehr langer Zeit von Europa nach Amerika, und so gibt es eine Verbindung zwischen den alten Traditionen dieses Landes und den ihren. Und wenn wir durch die Nebel der Zeit zurück nach Atlantis gehen, so finden wir viele andere unwahrscheinliche Verbindungen zwischen angeblich fremden Völkern. Die (hellhäutigen) Juden könnten sehr wohl aus Schottland oder Lappland stammen und zur Zeit der großen Flut in den Nahen Osten gewandert sein!

Ich habe auch noch eine andere Antwort auf diese Frage. Nämlich, daß dieser Weg mir von eingeborenen indianischen Lehrern angeboten wurde, als ich in San Francisco lebte, und das berührte mich sehr. Und wer bin ich, um dieses Geschenk zurückzuweisen? Die eigenen alten Traditionen wurden jahrhundertelang von der machthungrigen Religion so dezimiert, daß nur wenig davon übrigblieb. Die amerikanischen Indianer haben viel von ihrem Wissen erhalten können, und viele ihrer Medizinleute haben Visionen gehabt, daß es jetzt an der Zeit ist, die Menschen aller Hautfarben zu lehren, die mit einem offenen Herzen kommen. Die Medizinleute befassen sich mit der Farbe des Herzens und nicht mit der Hautfarbe.

Wie ich schon zu Beginn in diesem Buch beschrieben habe, teilen alle alten Traditionen eine gemeinsame Sicht der Welt, nur die Details sind kulturell verschieden.

Hier gibt es noch etwas zu beachten. Das Wort *Holocaust* wird meist benutzt, um die schreckliche Tragödie in Deutschland zur Zeit des letztes Weltkrieges zu bezeichnen. Für die Indianer bedeutet Holocaust die systematische Ausrottung ihrer Kultur, den Verlust ihres Landes und ihres Rechts, auf ihre eigene Weise zu leben, den Verlust des Rechts auf eigene Traditionen und den Verlust der Sprache, der die letzten 500 Jahre hindurch stattgefunden hat. Es ist eine Schande, daß dieser Holocaust an vielen Orten auch heute noch weitergeht. Es ist nur ihrem unglaublichen Edelmut zuzuschreiben, daß sie ihre alten Weisheiten offenlegen, damit sich viele Menschen selbst heilen können, auch die Nachfahren ihrer Vernichter.

Zur Zeit kommen alle möglichen Prophezeiungen auf: Der Planet Erde verändert seine Schwingung; wir treten in einen Photonengür-

tel der Plejaden ein, wo alles sich verändert; Maitreya, der Christus, wird kommen, und wir sollen ihm alle folgen; Jesus wird wiederkommen; UFOs bringen Wesen aus dem Weltraum zu uns, die uns erobern; der Mayakalender endet im Jahre 2012 und wir auch … Warum warten wir nicht nur, bis all das geschieht, anstatt daß wir uns hier abmühen?

Seit wann hat irgend etwas auf dem Planeten Erde funktioniert, das mit der Leugnung von Verantwortung zu tun hatte? Wenn der Planet seine Schwingung verändert, müssen nicht wir Menschen, die wir Teil der Erde sind, auch unsere Schwingung verändern? Als Jesus das letzte Mal auf Erden war, machte es das Leben nicht leichter für alle; warum sollte es jetzt leichter werden, wenn er oder ein anderer Lehrer wiederkommt? Wir haben Jahre der dogmatischen Religion erlebt, die den Menschen sagte, was sie glauben sollten, und es hat die Probleme der Menschen nicht gelöst. Der Planet Erde ist eine Schule der Erfahrung. Die Erde lehrt uns etwas über Verantwortung, Geben und Empfangen, sie lehrt uns, daß unsere tiefsten Überzeugungen und Gedanken sich im Laufe der Zeit manifestieren und daß wir für die Erfahrungen, die wir uns schaffen, verantwortlich sind. Es gibt keinen anderen Weg, als die Arbeit selbst zu tun. Die Verantwortlichkeit zu leugnen ist eine negative Entscheidung, die ihr eigenes Karma mit sich bringt.

Ich spüre, daß eine tiefgreifende Veränderung vor sich geht und daß die geistige Welt uns dabei in jeder Hinsicht hilft, um unser Bewußtsein anzuheben und das Chaos, das wir auf der Erde angerichtet haben, wieder in Ordnung zu bringen. Aber ich glaube auch, daß einige der Prophezeiungen zur Jahrtausendwende, die einen plötzlichen Wechsel zu einer neuen Vibration und einen Aufstieg zum Garten Eden verkünden, teilweise oder ganz aus der menschlichen Sehnsucht kommen, sich nicht mit der tatsächlichen Ungeheuerlichkeit unserer Situation zu befassen.

Was kann ich in einem schamanischen Workshop lernen?

Sie können die alten Techniken des Reisens in andere Welten lernen. Sie lernen, Ihren Bewußtseinszustand zu verändern, um zu reisen, geistigen Lehrern und Krafttieren zu begegnen und mit Ihrer inneren Weisheit in Berührung zu kommen. Sie lernen das Seelenrückholen, und dabei lernen Sie auch, wie sehr wir mit anderen Bewußtseinsebenen verbunden sind.

Sie betreten das wunderbare Reich des Tanzes und lernen vom Kopf in den Körper und in den Rhythmus des Lebens zu kommen. Sie erfahren verschiedene Zustände der Bewußtheit und entdecken Schwingungen und Kräfte im Körper, deren Sie sich lange Zeit nicht bewußt waren.

Sie heilen Ihr inneres Kind, bringen es wieder ins Gleichgewicht und heilen alte Wunden. Das ist der Süden und die Vorbedingung, um weiter mit den Reisen voranzuschreiten. Ob Sie das unter der Bezeichnung Psychotherapie oder Schamanismus tun, oder welche Methode Sie sonst wählen mögen: Bevor keine innere Heilung stattgefunden hat, die Sie dahin bringt, sich selbst zu prüfen und nicht die anderen zu beschuldigen – Ihre Eltern, die Welt, das System oder Gott –, können Sie nicht viel weiter vorangehen.

Sie können die magische Schwitzhütte betreten, den Schoß von Mutter Erde, und sich wieder mit den Gefühlen und Erinnerungen Ihrer Ahnen und Vorfahren verbinden und mit den Reichen der Elemente.

Sie können in den Bergen oder im Tal Ihre Vision suchen und dabei wissen, daß Sie von Leuten im Basislager unterstützt werden, daß Sie durch die Stadien der Suche geführt werden, um etwas für sich selbst zu lernen, was immer es auch sein mag.

Sie lernen Ihre Wahrnehmung zu erweitern, die Aura zu spüren, mit dem Energiefeld anderer zu interagieren. Sie erfahren, daß Sie nicht von Ihrer Haut begrenzt werden, daß der physische Körper nur der sichtbare Teil von Ihnen ist und daß Ihr Energiefeld die Welt berührt.

Sie können (in den entsprechenden Zentren) an einem einjährigen Kurs wie »Elemente des Schamanismus« teilnehmen, der eine geführte Reise durch das Medizinrad ist, alle Punkte berührt und viele Aspekte Ihres Selbst aufzeigt, Ihrer Lebensreise und Ihrer Verbindung mit Mutter Erde, Vater Himmel und Allem-was-ist.

Sie können durch ein selbstgewähltes und selbstbestimmtes Erziehungsprogramm gehen, das Sie zu sich zurückbringt, zurück zur Verbindung mit Ihrer instinktiven Natur, Ihrem spirituellen Selbst, zur Verbindung mit der Erde und dem Kosmos. Ich kann mir nichts Wertvolleres vorstellen, das man mit seinem eigenen Leben in dieser jetzigen Zeit der großen Weltkrise und -chance anfangen kann.

Jedes Ende ist auch immer ein Anfang. Lassen Sie mich mit meiner Version der Heyeokah-Geschichte der Schöpfung schließen:

Es war einmal an einem Nicht-Ort nirgendwo,
dort lebte Absolut-Nichts.
An diesem Nicht-Ort geschah immer nichts,
und so war es schon seit aller Ewigkeit,
und Absolut-Nichts war dessen absolut überdrüssig!

An einem günstigen Nicht-Tag, als die Sterne,
wenn es welche gab,
eine perfekte Konstellation bildeten,
entschied sich Absolut-Nichts, sich zweizuteilen.
So konnte er sich selbst begegnen
und sein eigenes Spiegelbild sehen.

Er teilte sich in zwei Teile,
zwei gleiche und gegensätzliche Etwas.
Denn man kann schließlich nur so
Etwas aus Nichts erschaffen.
Das eine wurde Yin oder weiblich genannt,
das andere Yang oder männlich.

Die beiden sahen sich an
und wurden sehr voneinander angezogen,
denn sie ergänzten sich.
Sie wurden auch sehr voneinander abgestoßen,
denn sie waren verschieden.
Und so begann der Tanz.

Sie tanzten aufeinander zu,
und sie tanzten voneinander weg,
und beim Tanzen wiegten und wirbelten sie herum und herum,
sie lachten und lachten aus purer Lebenslust.

Absolut-Nichts freute sich, daß Etwas geschah,
und erkannte, daß es jetzt kein Nichts mehr gab,
sondern Absolut-Alles.
Das machte ihn so froh,
daß er aus seinem tiefsten Inneren heraus lachte.
Und während das große Weibliche
und das große Männliche
sich drehten und drehten,
entstand ein so großes Gelächter
eine solche Freude, daß sie beide platzen mußten.

Und das geschah mit einem großen KNALL,
und so wurde ALLES zu einem Universum in Raum und Zeit.

Und um die sehr, sehr lange Geschichte sehr, sehr, sehr kurz zu machen, etwa zwölf bis fünfzehn oder mehr Billionen Erdenjahre später leben wir hier und haben überhaupt keine Langeweile, träumen einen großen Traum, spielen ein großes Spiel, machen eine große Reise …

Literaturverzeichnis

Brown, Tom: *Das Vermächtnis der Wildnis,* Ansata 1991; *Das Wissen der Wildnis,* Ansata 1992; *»Großvater« – Ein Leben für die Wildnis,* Ansata 1993

Castaneda, Carlos: *Die Reise nach Ixtlan* (und Folgebände), Fischer 1975 ff.

Douglas-Klotz, Neil: *Das Vaterunser,* Knaur 1992

Eliade, Mircea: *Schamanismus und archaische Ekstasetechnik,* Rascher 1954

Foster, Steven, und Little, Meredith: *Vision Quest,* Aurum 1991

Goodman, Felicitas D.: *Wo die Geister auf den Winden reiten,* Bauer, 3. Aufl. 1995

Gorc, Belinda: *Ekstatische Körperhaltungen,* Synthesis 1996

Hackl, Monnica: *Schamanische Schilde – Vom Umgang mit magischen Mustern,* Hugendubel 1992

Halifax, Joan: *Die andere Wirklichkeit der Schamanen,* Barth/Scherz 1981

Hall, James: *Sangoma,* Knaur 1996

Harner, Michael: *Der Weg des Schamanen,* Ansata 1982 (Rowohlt 1986)

Holbrock, Bruce: *The Stone Monkey,* W. Morrow 1981

Mails, Thomas E.: *Ich singe mein Lied für Donner, Wind und Wolken,* Fischer 1996

Meadows, Kenneth: *Das Netz der Kraft,* Hugendubel 1993; *Das große Buch des Schamanismus,* moderne industrie 1996 (n.a.)

Mehl, Lewis: *Coyote-Medizin,* Knaur 1997

Roth, Gabrielle: *Das befreite Herz,* Heyne 1990

Sams, Jamie: *Karten der Kraft,* Windpferd, 2. Aufl. 1991

Sanchez, Victor: *Die Lehren des Don Carlos,* Synthesis 1996
Shirokogoroff, Sergej: *Psychomental Complex of the Tungus,* Schletzer 1994
Some, Patrick Malidoma: *Vom Geist Afrikas,* Diederichs 1996
Storm, Hyemeyohsts: *Sieben Pfeile,* Fink, 2. Aufl. 1990
Sun Bear & Wabun: *Das Medizinrad,* Dianus-Trikont 1985
Villoldo, Alberto, und Erik Jendresen: *Die Macht der vier Winde,* Rowohlt 1993
Walsh, Roger: *Der Geist des Schamanismus,* Walter 1992

Das Zentrum des Autors in England

Eagle's Wing Centre For Contemporary Shamanism,
BLM Box 7475, London WC1N3XX, GB